高职高专素质教育系列教材

旅游法读本

傅林放 主编

清华大学出版社
北京

内容简介

本书以旅游法律体系为立足点,对《旅游法》及相关法律制度做了系统介绍。在具体内容上,本书介绍了《旅游法》的立法背景及基本情况,介绍了旅游者权益保护法律制度、旅游规划与促进法律制度、旅游资源管理与保护法律制度、旅行社法律制度、导游与领队人员法律制度、旅游服务合同法律制度、旅游饭店法律制度、旅游安全法律制度、出境入境管理法律制度、旅游投诉与监管法律制度等。

本书适合旅游院校学生,特别是旅游高职高专院校学生学习旅游法律制度,特别是《旅游法》的规定,同时也适合旅游业内人士及其他对旅游法律规定感兴趣的人士做参考使用。

本书封面贴有清华大学出版社防伪标签,无标签者不得销售。
版权所有,侵权必究。举报: 010-62782989,beiqinquan@tup.tsinghua.edu.cn。

图书在版编目(CIP)数据

旅游法读本/傅林放主编. --北京:清华大学出版社,2014(2023.8重印)
高职高专素质教育系列教材
ISBN 978-7-302-38051-1

Ⅰ. ①旅… Ⅱ. ①傅… Ⅲ. ①旅游业—法规—中国—高等职业教育—教材 Ⅳ. ①D922.296

中国版本图书馆 CIP 数据核字(2014)第 219843 号

责任编辑:左卫霞
封面设计:傅瑞学
责任校对:袁 芳
责任印制:丛怀宇

出版发行:清华大学出版社
网　　址:http://www.tup.com.cn,http://www.wqbook.com
地　　址:北京清华大学学研大厦 A 座　　　　邮　编:100084
社 总 机:010-83470000　　　　　　　　　　　邮　购:010-62786544
投稿与读者服务:010-62776969,c-service@tup.tsinghua.edu.cn
质量反馈:010-62772015,zhiliang@tup.tsinghua.edu.cn
课件下载:http://www.tup.com.cn,010-62795764

印 装 者:小森印刷霸州有限公司
经　　销:全国新华书店
开　　本:185mm×260mm　　印　张:9　　字　数:220 千字
版　　次:2014 年 10 月第 1 版　　　　　　　印　次:2023 年 8 月第 12 次印刷
定　　价:29.00 元

产品编号:061406-03

前言

《中华人民共和国旅游法》(以下简称《旅游法》)在施行之后,面临的首要课题就是如何更好地贯彻落实《旅游法》的各项规定。保障法律的有效实施,是一项系统性、综合性的工程,普法是其中最为基础的一项工作。普法工作一方面要针对行业现有的从业人员;另一方面更要针对未来的从业人员,主要是旅游院校的在校学生。目前旅游院校一般只针对部分专业开设旅游法律课程,本书就是专门为此前没有开设旅游法律课程的旅游专业而编写,目的在于让《旅游法》的相关知识更全面地在旅游院校中推广普及。

本书在章节安排上,以《旅游法》的体例为原型,并根据教材知识体系的需要,做了适当调整。在内容上,以《旅游法》的规定为核心,同时尽可能吸收关系紧密的相关法律规定。本书最终以旅游法律体系的形式呈现在读者面前,让读者在学习《旅游法》相关规定的同时,有机会进一步了解下位法中一些具体的规定,以及《旅游法》中涉及不多但对旅游行业十分重要的法律规定。

本书由浙江旅游职业学院傅林放副教授担任主编。具体编写分工如下:

傅林放(浙江旅游职业学院副教授)编写第一章、第二章、第五章、第六章、第十一章;

齐晨辰(浙江旅游职业学院讲师)编写第三章;

陈吉芬(浙江省旅游局法规处)编写第四章;

王惠静(北京第二外国语学院法政学院副教授)编写第七章;

黄恢月(浙江省旅游局市场处副处长)编写第八章;

徐迎(浙江旅游职业学院讲师)编写第九章;

罗一涵(浙江大学城市学院法学院讲师)编写第十章。

本书的出版得益于浙江旅游职业学院的领导对《旅游法》宣传工作的高度重视和大力支持,在此表示特别感谢。同时,还要感谢浙江旅游职业学院教务处处长叶志良教授、浙江大学城市学院法学院院长侯作前教授对本书编写的无私帮助。

傅林放

2014年7月2日

目录

第一章 旅游法导论 ············ 1
第一节 《旅游法》出台的背景 ············ 1
第二节 《旅游法》的主要内容 ············ 3
第三节 《旅游法》与旅游法律体系 ············ 5
本章练习 ············ 6

第二章 旅游者权益保护法律制度 ············ 7
第一节 旅游者权利与义务 ············ 7
一、《旅游法》规定旅游者权利与义务的根据 ············ 7
二、旅游者权利与国家义务 ············ 7
三、旅游者权利的内容 ············ 8
四、旅游者义务 ············ 10
第二节 旅游纠纷处理 ············ 10
一、协商 ············ 11
二、调解 ············ 11
三、仲裁 ············ 11
四、诉讼 ············ 11
本章练习 ············ 12

第三章 旅游规划与促进法律制度 ············ 14
第一节 旅游规划制度 ············ 14
一、旅游规划概述 ············ 14
二、旅游发展规划制度 ············ 16
第二节 旅游促进制度 ············ 19
一、旅游促进制度概述 ············ 19
二、旅游产业政策 ············ 19
三、旅游综合协调机制 ············ 20
四、旅游形象推广制度 ············ 21
五、旅游公共信息服务制度 ············ 22
六、旅游人才培养制度 ············ 23
第三节 新业态旅游 ············ 24
一、乡村旅游经营规范 ············ 24

二、高风险旅游活动经营规范 ……………………………………… 26
　　三、在线旅游经营规范 …………………………………………… 28
　本章练习 …………………………………………………………………… 30

第四章　旅游资源管理与保护法律制度 ……………………………………… 32
　第一节　旅游资源及其管理与保护 …………………………………………… 32
　　一、旅游资源的概念 ……………………………………………… 32
　　二、旅游资源的构成条件与特征 ………………………………… 33
　　三、旅游资源的类型 ……………………………………………… 33
　　四、旅游资源保护的意义、法制环境及主要内容 ……………… 33
　第二节　旅游资源管理与保护的主要法律制度 ……………………………… 34
　　一、《旅游法》对旅游景区的规定 ……………………………… 34
　　二、《风景名胜区条例》 ………………………………………… 36
　　三、《文物保护法》 ……………………………………………… 37
　第三节　旅游区（点）质量等级的划分与评定 ……………………………… 40
　　一、旅游景区质量等级及标志 …………………………………… 40
　　二、等级评定的范围、组织、权限与程序 ……………………… 40
　本章练习 …………………………………………………………………… 41

第五章　旅行社法律制度 ……………………………………………………… 43
　第一节　旅行社设立 …………………………………………………………… 43
　　一、旅行社设立条件 ……………………………………………… 43
　　二、旅行社业务范围 ……………………………………………… 44
　　三、旅行社设立许可 ……………………………………………… 44
　　四、外商投资旅行社的设立 ……………………………………… 45
　　五、分支机构的设立 ……………………………………………… 45
　　六、法律责任 ……………………………………………………… 46
　第二节　旅游服务质量保证金 ………………………………………………… 46
　　一、旅游服务质量保证金存入 …………………………………… 46
　　二、旅游服务质量保证金的使用 ………………………………… 47
　　三、旅游服务质量保证金的取出 ………………………………… 47
　　四、法律责任 ……………………………………………………… 47
　第三节　旅行社责任保险 ……………………………………………………… 48
　　一、责任险的投保 ………………………………………………… 48
　　二、责任险的理赔 ………………………………………………… 48
　　三、旅行社责任险与旅游意外伤害险 …………………………… 49
　　四、法律责任 ……………………………………………………… 49
　第四节　旅行社经营规范 ……………………………………………………… 49
　　一、旅游合同规范 ………………………………………………… 49
　　二、旅游服务要求 ………………………………………………… 50

三、禁止零负团费 ·· 50
　　四、导游领队聘用 ·· 51
　　五、其他经营规范 ·· 51
　　六、法律责任 ·· 51
　本章练习 ·· 52

第六章　导游与领队人员法律制度 ···································· 54
　第一节　导游人员概述 ·· 54
　　一、导游人员的概念与分类 ······································ 54
　　二、导游人员的资格与条件 ······································ 56
　第二节　导游人员的管理 ·· 57
　　一、政府层面的管理 ·· 57
　　二、旅行社层面的管理 ·· 58
　　三、行业协会层面的管理 ·· 58
　第三节　导游人员的权利和义务 ···································· 59
　　一、导游人员与政府之间的权利义务关系 ·························· 59
　　二、导游人员与旅行社之间的权利义务关系 ························ 60
　　三、导游人员与旅游者之间的权利义务关系 ························ 61
　第四节　领队人员的管理 ·· 61
　　一、领队人员的概念 ·· 61
　　二、领队证制度 ·· 62
　　三、领队人员的权利和义务 ······································ 62
　本章练习 ·· 63

第七章　旅游服务合同法律制度 ······································ 65
　第一节　旅游服务合同概述 ·· 65
　　一、旅游服务合同的概念和特点 ·································· 65
　　二、旅游服务合同的法律适用 ···································· 66
　第二节　包价旅游合同 ·· 66
　　一、包价旅游合同的概念和法律特点 ······························ 66
　　二、包价旅游合同的内容和形式 ·································· 67
　　三、包价旅游合同的订立及相关义务 ······························ 67
　　四、包价旅游合同的转让 ·· 68
　　五、包价旅游合同的变更 ·· 69
　　六、包价旅游合同的履行 ·· 70
　　七、包价旅游合同的解除 ·· 71
　　八、违约责任 ·· 73
　第三节　其他服务合同 ·· 76
　　一、委托代办合同 ·· 76
　　二、住宿服务合同 ·· 77

本章练习 ··· 78

第八章　旅游饭店法律制度 ··· 80

第一节　旅游饭店的星级划分和评定 ······································· 80
　　一、旅游饭店 ··· 80
　　二、星级评定制度概况 ··· 80
　　三、星级的划分及标志 ··· 80
　　四、星级评定总则 ··· 81
　　五、《旅游饭店星级的划分与评定》实施办法 ··························· 82

第二节　旅游饭店经营规范 ··· 84
　　一、旅游饭店的权利义务 ··· 84
　　二、旅客的权利义务 ··· 85

第三节　旅游饭店治安管理规范 ··· 86
　　一、旅游饭店治安管理的义务 ··· 86
　　二、旅客的义务 ··· 88
　　三、娱乐场所的管理 ··· 88

本章练习 ··· 89

第九章　旅游安全法律制度 ··· 91

第一节　政府与旅游安全 ··· 91
　　一、旅游安全职责的主体 ··· 91
　　二、旅游安全职责的内容 ··· 92

第二节　旅游经营者与旅游安全 ··· 93
　　一、一般安全责任 ··· 93
　　二、特殊安全责任 ··· 94
　　三、旅游保险责任 ··· 94

第三节　旅游者与旅游安全 ··· 94
　　一、旅游者的安全保障权利 ··· 95
　　二、旅游者的旅游安全义务 ··· 95

本章练习 ··· 96

第十章　出境入境管理法律制度 ··· 98

第一节　中国公民出境入境规范 ··· 99
　　一、中国公民出境入境管理的基本要求 ································· 99
　　二、证件种类 ··· 99
　　三、护照的办理 ··· 100
　　四、中国公民出境受限制的情形 ······································· 101
　　五、法律责任 ··· 101

第二节　外国人入境出境与停留居留规范 ··································· 101
　　一、外国人出境入境管理的基本要求 ··································· 101

二、签证的类别和签发 ·· 102
　　三、外国人在中国境内居留停留的规定 ·· 103
　　四、外国人出境入境受限制的情形 ·· 104
　　五、调查与遣送 ·· 105
　　六、法律责任 ··· 105
第三节　出境入境边防检查规范 ·· 107
　　一、边防检查站的职责和权利 ·· 107
　　二、出境入境人员的义务 ··· 107
　　三、边境地区出境入境人员的管理 ·· 107
　　四、出境入境受限制的人员 ·· 107
　　五、行李物品的检查 ··· 108
　　六、法律责任 ··· 108
第四节　出境入境卫生检疫规范 ·· 109
　　一、检疫的范围 ·· 109
　　二、检疫与监测 ·· 109
　　三、法律责任 ··· 110
本章练习 ··· 110

第十一章　旅游投诉与监管法律制度 ·· 112

第一节　旅游投诉制度 ··· 112
　　一、旅游投诉的管辖与受理 ·· 112
　　二、旅游投诉的处理 ··· 114
第二节　旅游监管制度 ··· 114
　　一、旅游监管的主体 ··· 115
　　二、旅游监管的内容 ··· 115
　　三、旅游行政处罚 ·· 116
本章练习 ··· 117

附录　中华人民共和国旅游法 ··· 118

参考文献 ··· 130

第一章

旅游法导论

本章提要

通过学习本章,了解《旅游法》的立法背景,《旅游法》的现实意义,《旅游法》的主要内容,《旅游法》与旅游法律体系的关系。

学习重点

- 《旅游法》的立法背景;
- 《旅游法》出台的现实意义;
- 《旅游法》的主要内容;
- 旅游法律体系的构成。

第一节 《旅游法》出台的背景

1845年,托马斯·库克(Thomas Cook)在莱斯特正式成立了托马斯·库克旅行社,专门从事旅游代理业务,成为世界上第一位专职的旅游代理商。旅行社的出现具有划时代意义,标志着旅游业的诞生。随着旅游业的不断发展,旅游活动中的各种矛盾也逐渐出现并增多,比如旅游者与旅游经营者的消费纠纷,旅游者、旅游开发企业与原住民的利益冲突,旅游企业之间的各类业务纠纷等。随着国际旅游业务的发展,这些矛盾也跨越了国界。为了规范旅游活动中各类主体的行为,避免或妥善解决这些矛盾,一些旅游业较为成熟的国家以及相关国际组织纷纷开始制定相关法律。20世纪50年代末60年代初,"旅游法"的概念开始出现。日本、韩国、巴西、墨西哥、英国、美国等国,根据本国的具体情况,相继制定了专门用于调整旅游活动领域中各种社会关系的法律、法规。同时,世界一些国家和旅游组织还签订了一批国际旅游公约、条约和协定,使旅游立法工作日趋完善。

我国旅游业在改革开放之后迅速发展,随之而来的就是对立法规范的需求。旅游法正是改革开放初期就启动的一个立法项目,早在1982年,国家旅游局就曾着手起草《旅游法》,1988年列入第七届全国人大常委会立法规划和国务院立法计划。1990年3月,国家旅游局牵头,成立了《旅游法》起草小组,经过反复研究和认真修改,于1993年形成《旅游法》送审稿。

第一次启动旅游立法工作时,由于我国旅游业发展尚处于起步阶段,各方对旅游立法涉及的一些重要问题认识不尽一致,旅游立法工作被搁置;1993年《旅游法》形成送审稿时,中共中央作出关于建立社会主义市场经济的决定,为适应新的发展,这部送审稿未能提请审议,《旅游法》起草工作就此搁置。因此,我国旅游业多年来一直缺乏一部"法律",对旅游法制的实际需求只能通过制定相应的行政法规、地方法规以及各类规章来解决。

1985年5月11日,由国务院制定发布的《旅行社管理暂行条例》是我国旅游业的第一部行政法规。1996年10月15日,该暂行条例被废止,国务院制定发布了《旅行社管理条例》。

2001年12月11日,因我国加入世界贸易组织(WTO),对该条例做了修改。2009年2月20日,国务院又制定发布了《旅行社条例》,废止了原来的管理条例。

1985年6月7日,国务院制定发布的《风景名胜区管理暂行条例》是我国第二部旅游行政法规。2006年9月19日发布的《风景名胜区条例》废止了前述暂行条例。

我国第三部重要的旅游行政法规是《导游人员管理暂行规定》,1987年11月14日经国务院批准,并于1987年12月1日由国家旅游局发布。1999年5月14日由国务院制定并发布的《导游人员管理条例》废止了前述规定。

1996年3月8日,经国务院批准由国家旅游局发布的《边境旅游暂行管理办法》迄今有效,是我国第四部旅游行政法规。

1997年3月17日经国务院批准,1997年7月1日由国家旅游局、公安部发布的《中国公民自费出国旅游管理暂行办法》是我国第五部旅游行政法规。2002年5月27日由国务院发布的《中国公民出国旅游管理办法》废止了前述暂行办法。

此外,国务院有关部门制定了30多个行政规章,全国31个省(区、市)人大也制定了《旅游条例》或《旅游管理条例》。

随着改革开放的深化和我国经济社会的持续快速发展,我国旅游业发展迅速,旅游出游人次大幅提升,旅游资源开发投资热度空前,越来越多的人开始认识到:旅游业对促进经济社会发展作用巨大,是名副其实的无烟囱"工业"、无校舍"教育"、无广告"宣传"、无会场"外交"。旅游业在国民经济中日益成为战略性支柱产业。但是同时旅游市场乱象频现,既损害了旅游者的合法权益,也不利于整个行业良性发展。原先主要依靠行政法规、地方法规、部门及地方规章进行规范管理的法制状况已经越来越不能适应实际需要,表现为立法内容系统性、科学性不够,立法层次不高,特别是不少新问题国务院行政法规也无权触及。为此,社会上要求制定《旅游法》的呼声进一步提高,全国人大代表也多次提出议案和建议,要求加快制定《旅游法》。据统计,从第八届全国人大一次会议至第十一届全国人大五次会议,共有1400多名代表和3个代表团提交48件议案,建议制定《旅游法》。同时,还有许多代表提出意见和建议,希望尽快制定《旅游法》。

2009年12月18日,第十一届全国人大财经委牵头组织国家发改委、国家旅游局等23个部门和有关专家成立《旅游法》起草组,随后,《旅游法》起草工作紧张有序地进行。前后两年多来,《旅游法》起草组先后举行5次全体会议,分别到十几个省(区、市)和有关国家开展调研考察,召开了数十次座谈会、研讨会和论证会,深入研究国内外旅游业发展和旅游立法的情况和经验,先后形成了三个阶段性草案文本和数十个修改稿,并多次征求有关部门和省(区、市)的意见。2012年3月14日,全国人大财经委第六十四次全体会议审议并通过了《旅游法》草案。

经过多方面的努力,2012年8月27日,《旅游法》草案提请第十一届全国人大常委会第二十八次会议初次审议。2012年8月31日,全国人大常委会在中国人大网上公布《旅游法》草案,公开征求社会公众的意见。综合各方面意见,全国人大法律委提出了《旅游法》草案二次审议稿,提请2012年12月举行的第十一届全国人大常委会第三十次会议再次审议。2013年4月23日,《旅游法》草案提请第十二届全国人大常委会第二次会议进行第三次审议。2013年4月25日下午,在充分吸收一审、二审、三审以及社会各方面意见和建议的基础上,第十二届全国人大常委会第二次会议对《旅游法》进行表决,结果150票赞成,5票弃权,《旅游法》由此诞生。

《旅游法》的颁布实施,标志着中国旅游业进入了全面依法兴旅、依法治旅的新阶段,是中国旅游业发展史上具有里程碑意义的一件大事,是实现旅游业发展"两大战略目标"制度的基石,是维护旅游者和旅游经营者权益、规范旅游市场的法律保证,其影响是多方面的:一是有利于转变旅游发展方式、调整旅游产业和产品结构;二是有利于规范旅游市场秩序、保护旅游者和旅游经营者的合法权益;三是有利于协调行业管理关系、促进旅游业及相关行业发展;四是有利于把旅游业培育成为国民经济的战略性支柱产业和人民群众更加满意的现代服务业,使我国从旅游大国发展成为旅游强国。

总之,《旅游法》总结了改革开放和科学发展的成果和经验,规范了旅游活动和经营的方方面面,在促进发展、统筹管理、资源保护、安全保障和投诉处理等体制机制方面做出了制度性安排,对提升旅游品质和文明旅游也提出了引导性的要求,这些内容对促进旅游业持续健康发展具有重大的现实意义和深远的历史影响。

第二节 《旅游法》的主要内容

《旅游法》共设十章一百一十二条,第一章是总则,总共八条,对整部法律最基本的问题作出了规定。总则明确了立法的宗旨是保障旅游者和旅游经营者的合法权益,规范旅游市场秩序,保护和合理利用旅游资源,促进旅游业持续健康发展。其中将旅游者权益保障放在最前面,并明确规定,国家发展旅游事业,完善旅游公共服务,依法保护旅游者在旅游活动中的权利,彰显了本法以保护旅游者权益为最核心的价值追求。

针对旅游资源开发,总则规定,旅游业发展应当遵循社会效益、经济效益和生态效益相统一的原则。国家鼓励各类市场主体在有效保护旅游资源的前提下,依法合理利用旅游资源。利用公共资源建设的游览场所应当体现公益性质。

针对旅游市场秩序,总则规定,国家建立健全旅游服务标准和市场规则,禁止行业垄断和地区垄断。旅游经营者应当诚信经营,公平竞争,承担社会责任,为旅游者提供安全、健康、卫生、方便的旅游服务。

针对管理体制,总则明确要求国务院建立健全旅游综合协调机制,对旅游业发展进行综合协调。要求县级以上地方人民政府应当加强对旅游工作的组织和领导,明确相关部门或者机构,对本行政区域的旅游业发展和监督管理进行统筹协调,并规定依法成立的旅游行业组织,实行自律管理。

总则还特别就文明旅游作出原则要求,明确国家倡导健康、文明、环保的旅游方式,支持和鼓励各类社会机构开展旅游公益宣传,对促进旅游业发展作出突出贡献的单位和个人给予奖励。

《旅游法》第二章是旅游者,总共八条,主要是对旅游者的重要权利和义务做出了规定。其中前四条规定了旅游者的权利,包括自主选择权、知情权等。后四条规定了旅游者的义务,包括文明旅游的义务,理性维权的义务等。

《旅游法》第三章是旅游规划和促进,总共十一条。前六条主要对旅游规划进行了规定,包括制定规划的主体、需要制定规划的情形、规划的内容要求、规划的执行等。后五条对政府促进旅游发展的职责做了原则性规定,包括制定相关促进政策、组织旅游形象推广、提供旅游公共服务、支持旅游人才培养等相关职责。

《旅游法》第四章是旅游经营,总共二十九条。这一章无论从篇幅上看,还是从内容上看,都是属于《旅游法》的核心部分。该章在性质上属于行政法律,主要是针对旅游经营者的管理性规定,包括旅行社设立、经营规范,导游、领队资格证申领及从业规范,景区设立、经营规范、高风险旅游经营、网络旅游经营规范等。

《旅游法》第五章是旅游服务合同,总共十九条。这一章同样属于本法的核心部分,性质上属于民事法律,主要对包价旅游合同、委托代办合同以及住宿服务经营者的相关民事义务做出了规定。值得特别说明的是,旅游合同在过去属于无名合同,虽然它具有很多特殊性,但我国合同法并未对此做出专门规定,因此一直缺乏自己独立的规则领域。《旅游法》以十九条的篇幅专章规定,使旅游服务合同,特别是包价旅游合同,成为我国合同法律体系中一个新的有名合同。

《旅游法》第六章是旅游安全,总共七条,规定了政府及其相关部门、旅游经营者在旅游安全方面应采取的措施,应负的责任。

《旅游法》第七章是旅游监督管理,总共八条,规定了县级以上人民政府旅游主管部门和有关部门对旅游市场实施监督管理的职责,明确了县级以上人民政府旅游主管部门的监管权力,并对监管内容、监管行为、监管方式做了规定。

《旅游法》第八章是旅游纠纷处理,总共四条,对旅游纠纷处理的途径、旅游投诉处理和旅游纠纷调解的主体等内容做了规定。

《旅游法》第九章是法律责任,总共十六条,针对违反本法相关规定之行为的法律责任做了详细的规定。其中七条是针对旅行社违法行为的,三条是针对从业人员违法行为的,尤其是导游、领队人员;两条是针对一般旅游经营者违法行为的,两条是针对景区经营行为的,一条是针对旅游主管部门和有关部门工作人员的监管行为的,一条是针对严重违反本法构成犯罪的处理。

《旅游法》最后一章是附则,只有两条,分别对本法重要的六个概念的定义做了规定,比如包价旅游合同的定义,以及规定本法的施行日期为2013年10月1日。

《旅游法》的内容涉及旅游业的方方面面,不同部分的法律性质也是多样的,这是一部综合性的立法,这种综合性体现在多个层面。从内容角度看,除总则、法律责任和附则外,《旅游法》分别对旅游者、旅游规划和促进、旅游经营、旅游服务合同、旅游安全、旅游监督管理、旅游纠纷处理等内容作了规定,是适用于几乎所有旅游活动类型及环节的综合立法,其调整内容是在中华人民共和国境内的和在中华人民共和国境内组织到境外的游览、度假、休闲等形式的旅游活动,以及为旅游活动提供相关服务的经营活动。具体而言,在类型上,包括境内、境外,团队、散客,传统旅游、新业态旅游、线下服务、线上服务等;在环节上,包括住宿、餐饮、交通、游览、购物、娱乐等。

从调整的主体角度看,《旅游法》是适用于旅游业的几乎全部主体的综合立法,涉及旅游者、旅游经营者(旅行社、景区、饭店、旅游运输等)、旅游从业人员、政府及相关工作人员、旅游行业组织、旅游职业教育和培训组织。

从法律部门角度看,《旅游法》是涉及六大部门法的综合立法,包括经济法、行政法、民法、程序法,甚至还有部分条款属于社会法和刑法。所调整的法律关系包括旅游者与旅游经营者之间的民事法律关系,旅游者与政府管理部门之间的消费者保护法律关系,旅游经营者与行政管理部门之间的行政法律关系,旅游从业人员与政府管理部门之间的行政法律关系,旅行社与导游、领队之间的劳动法律关系,政府管理部门之间的行政协调法律关系等。

从功能角度看,《旅游法》是"三合一"的综合立法:是保护法,保护旅游者权益;是规范法,规范旅游经营行为;是促进法,促进旅游业可持续发展。

第三节 《旅游法》与旅游法律体系

法律体系是指一国以所有现行法为基础所形成的,作为一个有机统一体存在的法的整体。法律体系作为一个有机的整体,不是随意拼凑而成的没有内在联系的法律杂烩。一国的法律制度,由一个一个具体的法律所合成。这些法不应是纷乱杂陈的,而应是有内在联系的、完整的一个体系。这个体系是构成一国法律制度直接的实在的基础,它的状况直接关系一国法律制度的状况。

旅游法律体系就是一国调整旅游活动产生的社会关系的各种法律规范的整体。旅游法律体系究竟包含哪些法律?首先让我们认识我国的法律渊源。

法律的渊源也就是法律的形式,是指由不同国家机关制定、认可和变动的,具有不同法的效力或地位的各种法的形式,具体有如下形式。

(1) 宪法。宪法是国家最高权力机关经由特殊程序制定和修改的,综合性地规定国家、社会和公民生活的根本问题的,具有最高法的效力的一种法,一切法律、法规和其他规范性文件都不得与宪法相抵触。

(2) 法律。法律是由全国人大及其常委会依法制定和变动的,规定和调整国家、社会和公民生活中某一方面带有根本性的社会关系或基本问题的一种法。通常亦被人们称为狭义上的法律。其法律效力仅次于宪法。《中华人民共和国旅游法》就是由全国人大常委会制定的法律。

(3) 行政法规。行政法规是由最高国家行政机关国务院依法制定和变动的,有关行政管理和管理行政事项的规范性法文件的总称。其效力仅次于宪法和法律。如《旅行社条例》、《导游人员管理条例》、《中国公民出国旅游管理办法》就是行政法规。

(4) 地方性法规。地方性法规是由特定的地方国家机关依法制定和变动的,效力不超出本行政区域范围,作为地方司法依据之一。现阶段,省、自治区、直辖市、省级政府所在地的市、经国务院批准的较大市的人大及其常委会,根据本地的具体情况和实际需要,在不与宪法、法律、行政法规相抵触的前提下,可以制定和颁布地方性法规,报全国人大常委会和国务院备案。如《浙江省旅游管理条例》、《杭州市旅游条例》、《宁波旅游景区条例》等就是地方性法规。

(5) 自治条例和单行条例。根据现行宪法和民族区域自治法规定,各级民族自治地方的人大都有权依照当地民族的政治、经济和文化特点,制定自治条例、单行条例。自治区的自治条例和单行条例报全国人大常委会批准后生效。自治州、自治县的自治条例和单行条例,报省或自治区人大常委会批准后生效,并报全国人大常委会备案。

(6) 部门规章。部门规章是国务院所属部委根据法律和国务院行政法规、决定、命令,在本部门的权限内,所发布的各种行政性的规范性法文件,亦称为部委规章。其地位低于宪法、法律、行政法规,不得与它们相抵触。国家旅游局颁布的《旅游行政处罚办法》、《大陆地区居民赴台湾地区旅游管理办法》、《旅行社条例实施细则》等属于部门规章。

(7) 地方政府规章。地方政府规章是有权制定地方性法规的地方人民政府根据法律、行政法规制定的规范性法律文件。地方政府规章除不得与宪法、法律、行政法规相抵触外,还不得与上级和同级地方性法规相抵触。《浙江省旅游度假区管理办法》、《浙江省旅行社管理办法》、《浙江省导游人员管理办法》、《宁波市旅游业管理办法》等都属于地方政府规章。

(8) 国际条约。国际条约指两个或两个以上国家或国际组织间缔结的确定其相互关系中权利和义务的各种协议,是国际间相互交往的一种最普遍的法的渊源或法的形式。国际条约不仅包括以条约为名称的协议,也包括国际法主体间形成的宪章、公约、盟约、规约、专约、协定、议定书、换文、公报、联合宣言、最后决议书。国际条约本属国际法范畴,但对缔结或加入条约的国家的机关、公职人员、社会组织和公民也有法的约束力,在这个意义上,国际条约也是该国的一种法的渊源或法的形式,与国内法具有同等约束力。我国签订或加入的国际条约也是我国法的渊源之一,如 1970 年世界旅游组织(World Tourism Organization,WTO)在布鲁塞尔制定的《旅行契约国际公约》,联合国教育、科学及文化组织大会于 1972 年制定的《世界遗产公约》等。

(9) 司法解释。司法解释是司法机关对法律、法规的具体应用问题所作的说明,是法律解释的一种,属正式解释。对某一案件在适用法律上所作的解释,只对该案件有效,没有普遍约束力。最高法院所作的解释,对下级法院通常具有约束力,违背宪法与法律的司法解释无效。如最高人民法院《关于审理旅游纠纷案件适用法律若干问题的规定》就是司法解释。司法机关作为法律适用机关并无立法权,因此司法解释理论上不属于法律渊源,但由于司法解释在我国司法实践中发挥着重要的作用,填补了大量的法律空白,因此在事实上也相当于一种法律渊源。

综上,从法律渊源角度,我们旅游法律体系由法律、行政法规、地方法规、行政规章、地方规章、自治条例和单行条例、部门规章、地方政府规章、国际条约、司法解释等形式的法律所构成。其中《旅游法》是这个体系中具有最高效力的规范形态,《旅游法》施行后,以前颁布的低位阶的旅游法律与《旅游法》冲突的条款即无效,相应法律需要及时修改,比如《旅行社条例》与旅游法不一致的、冲突的条款就无效,需要及时修改。这些法律,以《旅游法》为核心,构成一个有机的整体,就是旅游法律体系。本书正是从旅游法律体系的角度,以《旅游法》为中心,对相应的法律、法规、规章做了较为全面、系统的介绍。

本 章 练 习

1. 我国《旅游法》出台是基于什么样的背景?
2. 《旅游法》出台对我国旅游业有什么样的意义?
3. 《旅游法》与旅游法律体系是什么关系?

第二章

旅游者权益保护法律制度

本章提要

权利与义务是法律的核心概念,也是法律的核心内容。旅游者权利与义务又是《旅游法》所规定的各类权利与义务中的核心。与之相应,因旅游者权利受到损害或旅游者义务履行存在的问题所引起的法律纠纷,也就成了《旅游法》领域内各类纠纷的核心部分。通过学习本章,应了解和熟悉旅游者权利与义务,了解旅游纠纷处理的主要途径和相关法律规定。

学习重点

- 旅游者的权利;
- 旅游者的义务;
- 旅游纠纷处理的途径。

第一节 旅游者权利与义务

一、《旅游法》规定旅游者权利与义务的根据

旅游者也就是旅游消费者,旅游者的旅游消费活动受《中华人民共和国消费者权益保护法》的保护,但旅游消费活动具有其特殊性,至少有以下几方面的表现:旅游服务具有综合性,通常涵盖了食、宿、行、游、购、娱等多个方面;旅游消费具有异地性,旅游者对旅游目的地通常是不熟悉的;旅游活动的开展依赖各种客观条件,受不可抗力等客观因素影响较大;旅游活动需要旅游者亲自参与、配合,受旅游者个体条件影响较多;主观的精神体验是旅游者对旅游服务评价的重要依据,因此不同旅游者对相同的旅游服务可能产生不同的评价。正因为旅游活动具有上述特殊性,才需要《旅游法》给予专门保护,《旅游法》也以保护旅游者权利作为其价值基础和首要目标。

旅游消费活动还存在另外一些特殊性,比如旅游很多时候表现为一种社会活动,它具有外部性,会给旅游目的地的经济、社会、自然等环境带来影响,这就要求《旅游法》对旅游者的行为进行一定的规范和约束,这种规范和约束具体表现为旅游者的义务。

二、旅游者权利与国家义务

作为消费者,旅游者权利主要是基于旅游消费活动而享有的消费者权利。消费者权利是国家基于消费者弱势地位,为平衡消费者与经营者之间关系而设定的权利。一方面经营者有义务遵守相关规定,不损害旅游消费者的权利;另一方面国家有义务保护旅游者权利。国家对旅游消费者权益的保护,充分体现在《旅游法》的各部分内容之中。自第三章到第九章,在设立规范旅游市场秩序,保护旅游经营者合法权益,促进旅游产业健康发展等立法目标的同时,也

从各个角度对旅游者权益进行了规定。国家履行保护旅游者权益的义务的方式也是多样化的,《旅游法》本身就是国家通过行使立法权保护旅游者权益的体现。此外,旅游规划与促进、建立健全旅游管理体制、健全旅游基础设施、提供旅游公共服务、实行旅游市场监管、对旅游投诉进行行政调解等,都是保护旅游者权益的全方位措施。

三、旅游者权利的内容

(一)自主选择权

旅游者有权自主选择旅游产品和服务,有权拒绝旅游经营者的强制交易行为。旅游企业向旅游者提供旅游服务时,应当充分尊重其自主选择权,不得强迫旅游者参加旅游项目,特别是不得强迫旅游者参加购物和自费项目。

(二)知情权

旅游者有权知悉其购买的旅游产品和服务的真实情况。旅游经营者有义务向旅游者告知旅游行程安排、旅游服务项目的具体内容和标准、自由活动时间安排、责任减免信息以及旅游者应当注意的旅游目的地相关法律、法规和风俗习惯、宗教禁忌,依照中国法律不宜参加的活动等内容,并有权要求旅行社在旅游行程开始前提供旅游行程单。

(三)受尊重权

旅游者的人格尊严、民族风俗习惯和宗教信仰应当得到尊重。旅游者有权要求旅游经营者对其在经营活动中知悉的旅游者个人信息予以保密。

(四)特殊旅游者依法享受便利和优惠权

残疾人、老年人、未成年人等旅游者在旅游活动中依照法律、法规和有关规定享受便利和优惠。一方面,旅游经营者应当依法提供这样的便利和优惠;另一方面,国家应当积极出台相关制度,规定和保障特殊人群在旅游活动中享有便利和优惠的权利。

(五)损害赔偿请求权

旅游者有权要求旅游经营者按照约定提供产品和服务。旅游者人身、财产受到损害的,有依法获得赔偿的权利。

景区、住宿经营者将其部分经营项目或者场地交由他人从事住宿、餐饮、购物、游览、娱乐、旅游交通等经营的,旅游者有权要求景区、住宿经营者对实际经营者给旅游者造成的损害承担连带责任。

旅行社具备履行条件,经旅游者要求仍拒绝履行合同,造成旅游者人身损害、滞留等严重后果的,旅游者在获得损害赔偿之后,还可以要求旅行社支付旅游费用一倍以上三倍以下的赔偿金,这额外的赔偿被称为惩罚性赔偿。

(六)退货、退费请求权

旅行社违法安排购物或者另行付费旅游项目的,旅游者有权在旅游行程结束后三十日内,要求旅行社为其办理退货并先行垫付退货货款,或者退还另行付费旅游项目的费用。

（七）安全保障权

旅游者有权要求旅游经营者保证其提供的商品和服务符合保障人身、财产安全的要求。旅游者有权要求为其提供服务的旅游经营者就正确使用相关设施设备的方法、必要的安全防范和应急措施、未向旅游者开放的经营服务场所和设施设备、不适宜参加相关活动的群体等事项，以明示的方式事先向其作出说明或者警示。

旅游者在人身、财产安全遇有危险时，有权请求旅游经营者提供救助和保护，有权请求当地政府和相关机构进行及时救助。中国出境旅游者在境外陷于困境时，有权请求我国驻当地机构在其职责范围内给予协助和保护。

突发事件发生后，当地人民政府及有关部门和机构应当采取措施开展救援，并协助旅游者返回出发地或者旅游者指定的合理地点。

（八）投诉举报权

旅游者发现旅游经营者有违法行为的，有权向旅游、工商、价格、交通、质监、卫生等相关主管部门举报；旅游者与旅游经营者发生纠纷的，有权向相关主管部门或旅游投诉受理机构投诉、申请调解。县级以上人民政府旅游主管部门和有关部门，在履行监督检查职责中或者在处理举报、投诉时，发现违反旅游法规定行为的，应当依法及时作出处理；对不属于本部门职责范围的事项，应当及时书面通知并移交有关部门查处。

（九）合同转让权

除旅行社有正当的拒绝理由外，旅游者有权在旅游行程开始前，将包价旅游合同中自身的权利义务转让给第三人，因此增加的费用由旅游者和第三人承担。

（十）合同解除权

旅游者的合同解除权有两种情况：一种是无条件的任意解除权；另一种是附条件的解除权。

任意解除权是指在旅游行程结束前，旅游者无需任何理由，有权随时解除合同，但须承担旅行社为履行该包价旅游合同而发生的必要费用。旅行社应当在扣除必要的费用后，将余款退还旅游者。

附条件的解除权又可以分为两种情况：一是以不成团作为条件，包价旅游合同订立后，因未达到约定人数不能出团时，旅游者不同意组团社委托其他旅行社履行合同的，有权解除合同，并要求退还已收取的全部费用；二是不可抗力等客观因素作为条件，因不可抗力或者旅行社、履行辅助人已尽合理注意义务仍不能避免的事件，导致旅游合同不能继续履行，旅行社和旅游者均可以解除合同；导致合同不能完全履行，旅游者不同意旅行社变更合同的，有权解除合同；合同解除的，旅游者有权获得扣除组团社已向地接社或者履行辅助人支付且不可退还的费用后的余款。

（十一）协助返回请求权

在旅游行程中解除包价旅游合同的，旅游者有权要求旅行社协助返回出发地或者旅游者指定的合理地点，由于旅行社或者履行辅助人的原因导致合同解除的，旅游者有权要求旅行社承担返程费用。

四、旅游者义务

《旅游法》作为旅游业综合性法律,其立法宗旨除了保护旅游者合法权益,同时还包括保障旅游经营者的合法权益,规范旅游市场秩序,保护和合理利用旅游资源,促进旅游业持续健康发展。这就需要旅游者遵守相关法律规定,承担一定的义务。

(一)文明旅游义务

旅游者在旅游活动中应当遵守社会公共秩序和社会公德,尊重当地的风俗习惯、文化传统和宗教信仰,爱护旅游资源,保护生态环境,遵守旅游文明行为规范。

(二)不损害他人合法权益的义务

旅游者在旅游活动中或者在解决纠纷时,不得损害当地居民的合法权益,不得干扰他人的旅游活动,不得损害旅游经营者和旅游从业人员的合法权益;造成损害的,依法承担赔偿责任。

(三)个人健康信息告知义务

旅游者购买、接受旅游服务时,应当向旅游经营者如实告知与旅游活动相关的个人健康信息,审慎选择参加旅游行程或旅游项目。

(四)安全配合义务

旅游者应当遵守旅游活动中的安全警示规定,不得携带危害公共安全的物品。

旅游者对国家应对重大突发事件暂时限制旅游活动的措施以及有关部门、机构或者旅游经营者采取的安全防范和应急处置措施,应当予以配合;违反安全警示规定,或者对国家应对重大突发事件暂时限制旅游活动的措施、安全防范和应急处置措施不予配合的,依法承担相应责任;接受相关组织或者机构的救助后,应当支付应由个人承担的费用。

(五)遵守出入境管理义务

出境旅游者不得在境外非法滞留,入境旅游者不得在境内非法滞留;随团出、入境的旅游者不得擅自分团、脱团。

(六)支付旅游费用的义务

旅游者应当按照合同约定的金额及期限,足额及时支付旅游费用。

第二节 旅游纠纷处理

旅游纠纷,广义的理解包括各类因旅游活动而发生的纠纷,它包括发生在旅游者与旅游经营者之间、旅游经营者相互之间、旅游经营者与旅游主管部门之间、旅游主管部门与旅游者之间的纠纷,性质上包括民事法律纠纷、商事法律纠纷、行政法律纠纷。狭义的理解仅指旅游者与旅游经营者之间的纠纷。《旅游法》第八章就是从狭义的角度对旅游纠纷处理进行了规定。

旅游纠纷处理主要有四种途径,即双方协商;向消费者协会、旅游投诉受理机构或者有关调解组织申请调解;根据与旅游经营者达成的仲裁协议提请仲裁机构仲裁;向人民法院提起诉讼。

一、协商

协商是争议各方当事人在自愿、互谅的基础上,依照法律规定或者合同约定,直接进行谈判、磋商,相互做出一定让步,自行达成协议以解决纠纷的方法。一般而言,它是所有纠纷解决方式中代价最小的方式。旅游者与旅游经营者发生纠纷后,协商往往是首先选择的途径。但对于一些争议较大、较为复杂、涉及金额较高的纠纷,协商就难以解决问题。

二、调解

调解是在第三方主持下,通过第三方的劝说、引导,使争议各方在互谅互让的基础上达成协议,使纠纷得以解决的方法。调解本质上与协商一样,是遵循自愿原则,协商解决问题。但调解是在第三方主持下的协商,它改变了协商双方针锋相对的格局,为协商谈判留出了回旋空间,有利于消除隔阂,防止矛盾激化,是行之有效的解决方式。

调解的主体可以是非正式的,比如民间的"老娘舅";也可以是正式的机构,比如人民调解委员会。根据《旅游法》的规定,消费者协会、旅游投诉受理机构和有关调解组织在双方自愿的基础上,依法对旅游者与旅游经营者之间的纠纷进行调解。县级以上人民政府应当指定或者设立统一的旅游投诉受理机构。当前各地旅游主管部门设立的旅游质量监督管理所就是专门的旅游投诉受理机构,并对旅游纠纷进行调解。

三、仲裁

仲裁是双方根据仲裁协议,自愿将其争议提交约定的仲裁机构进行裁决,并受该裁决约束的一种制度。仲裁机构是根据《中华人民共和国仲裁法》设立的仲裁委员会,它是社会团体,其受理案件的管辖权来自双方的仲裁协议,没有有效的仲裁协议就无权受理。因此旅游纠纷要提交仲裁解决,必须存在有效的仲裁协议或仲裁条款。仲裁协议可以是一份独立的合同,也可以是旅游服务合同中的一个条款,比如2013年修订的《浙江省出境旅游合同(示范文本)》协议条款第五条就预置了仲裁条款,供旅行社和旅游者协商使用。仲裁协议对仲裁事项或者仲裁委员会没有约定或者约定不明确的,当事人可以补充协议;达不成补充协议的,仲裁协议无效。

仲裁实行一裁终局的制度,裁决书自作出之日起发生法律效力。当事人提出证据证明裁决有不合法情况的,可以向仲裁委员会所在地的中级人民法院申请撤销裁决。当事人应当履行裁决。一方当事人不履行的,另一方当事人可以依照《中华人民共和国民事诉讼法》的有关规定向人民法院申请执行。受理申请的人民法院应当执行。裁决被人民法院依法裁定撤销或者不予执行的,当事人就该纠纷可以根据双方重新达成的仲裁协议申请仲裁,也可以向人民法院起诉。

四、诉讼

诉讼是指国家司法机关依照法定程序,解决纠纷、处理案件的专门活动。旅游纠纷属于民事纠纷,适用民事诉讼程序处理。提起民事诉讼必须具备四项法定条件:原告是与本案有直接利害关系的旅游者;起诉有明确的被告;有具体的诉讼请求、事实和理由;起诉的案件属于人民法院受理民事诉讼的范围和受诉人民法院管辖。

人民法院审理民事案件,依照法律规定实行两审终审制度。所谓两审终审制度是指某一案件经过两级人民法院审判后即告终结的制度。当事人不服地方人民法院一审判决的,有权在判决书送达之日起十五日内向上一级人民法院提起上诉;不服裁定的,有权在十日内上诉。第二审人民法院的判决、裁定是终审的判决、裁定,一经送达当事人即发生效力。

旅游纠纷发生后,旅游者或旅游经营者可以直接向人民法院提起民事诉讼,要求对方承担民事责任。人民法院作出的判决或裁定一旦生效,就由国家强制力保证其实施,具有最高的权威性和最终的决定力。

旅游者与旅游经营者发生纠纷,旅游者一方人数众多并有共同请求的,可以推选代表人参加协商、调解、仲裁、诉讼活动。

本章练习

思考题

1. 旅游者有哪些权利和义务?
2. 旅游纠纷有哪些解决途径?

案例分析

2010年11月22日,原告王某某就读的长沙县黄兴镇沿江小学为组织秋游活动与被告湖南某旅游有限公司(下称旅游公司)签订了国内旅游合同。合同约定:被告旅游公司组织该校包括原告王某某在内的132名学生组成的团队到长沙园林生态园、徐特立公园进行一日游活动,每人承担旅游费用118元。2010年11月25日,被告旅游公司按合同约定派导游、派车到沿江小学接参加旅游的132名学生,沿江小学亦派一名老师随行,进行一日游活动。学生们到达长沙园林生态园后,因被告旅游公司派出的导游没有及时组织好学生排队进入园林大门,王某某在学生们争抢进入园林大门时被裹进人流,致使其左手无名指被园林铁门压断。事故发生后,原告被送往长沙县手外科医院治疗,住院35天(即2010年11月25日至2010年12月29日),用去医疗费用6073.1元。2011年1月5日,长沙市兴湘司法鉴定所对原告伤情作出鉴定,结论为:王某某因意外事故致左环指末节缺损;经清创+复合组织皮瓣修复创面+残端修复及皮瓣断蒂术+皮瓣整形术等治疗,以上构成十级伤残。环指残端不整、取皮部位疤痕需要予以治疗,费用可参照前期费用的20%计算。休息治疗期限为4个月。该次鉴定用去鉴定费560元。另查明原告王某某系农业家庭户口。

另外,在诉讼中,被告旅游公司对黄兴镇沿江小学为组织秋游活动与该公司于2010年11月22日签订的国内旅游合同中未约定的监管义务作了解释,被告旅游公司表示:从2010年11月25日沿江小学参加旅游的学生登上其派出的接送学生的汽车时,被告旅游公司及其派出的导游就负有监管学生人身财产安全的义务,沿江小学及其随行的老师不再承担监管学生人身财产安全的义务。

问题

1. 本案涉及何种旅游者权利问题?
2. 本案旅行社是否履行了相应的义务?是否应承担相应责任?

评析

本案涉及旅游者的安全保障权的问题。被告旅游公司及其派出的导游在学生乘上旅游公司派出的汽车时,就负有监管学生人身财产安全的义务,其派出的导游明知包括原告王某某在内的132名学生均系未成年人,缺乏一定的对风险的认知和控制能力,在学生进入长沙园林生态园大门时,没有及时组织学生排队有序进入,对原告王某某的人身安全未尽到充分的安全告知义务和合理限度的安全保障义务,故造成原告王某某在旅游时受伤,被告旅游公司具有过错,应当承担赔偿责任。一审法院判决被告湖南某旅游有限公司赔偿原告王某某医疗费、后续治疗费、护理费、营养费、交通费、伤残赔偿金、精神抚慰金和鉴定费等共计27691.72元。

旅行社组织未成年人旅游有四种情况,其中的义务与法律风险各不相同。

第一种情况是参加旅游的未成年人都分别有监护人同行。此时监护人对未成年人承担较大的管理和照顾义务,旅行社只需按照正常情况履行通常的安全保障义务。

第二种情况是旅行社协助学校组织学生旅游活动,学校作为实际的组织者,承担主要的管理与照顾义务。旅行社也存在相应的义务,旅行社未妥当履行该义务的,应承担相应责任。

第三种情况是学校委托旅行社组织学生旅游活动,学校派少量老师协助配合旅行社。此时,旅行社承担了主要的照顾管理与安全保障义务。对此,旅行社应特别注意导游人选,最好派遣在学生组织管理方面有一定经验或优势的导游,并严格设计行程与项目。

第四种情况是组织由未成年人单独参加的旅游活动。由于没有监护人同行,该旅游行程中,旅行社承担了相应的监护职责,即旅行社既要履行一般的安全保障义务,又要承担相应的监护职责。这要求旅行社比通常更为严格地管理和照顾未成年人,此种旅游业务,法律风险也更大,旅行社必须合理设计行程,采取严格且周到的管理和照顾措施。

以上四种情况,旅行社的责任与风险依次递增。

第三章

旅游规划与促进法律制度

本章提要

旅游业发展涉及区域资源环境、旅游公共设施等问题,这些问题要求政府在发展旅游业中有适当的积极作为,这主要包括三个层面:一是做出科学的旅游规划,确保旅游资源不被破坏性开发;二是提供公共服务,确保企业无法提供的基本公共服务能够落实;三是进行科学引导,通过一定的产业政策引导旅游业创新发展、转型升级,在实现经济价值的同时,实现扶贫、促进乡村发展、弘扬主旋律精神等社会价值。

通过学习本章,应了解旅游规划的法律性质、基本类型及编制要求,掌握旅游发展规划的概念、编制主体、内容、程序及法律效力;应了解旅游促进制度的意义及基本内容,如旅游产业政策、旅游综合协调机制、旅游形象推广、旅游公共信息服务、旅游人才队伍建设等;应了解乡村旅游、在线旅游、高风险旅游活动的概念、特点,掌握乡村旅游、高风险旅游、在线旅游的经营规范制度。

学习重点

- 旅游规划的概念、性质与类型;
- 旅游规划的作用、编制要求;
- 旅游发展规划的编制;
- 旅游发展规划的衔接;
- 旅游公共信息服务制度;
- 旅游形象推广制度;
- 旅游人才队伍建设制度;
- 乡村旅游的经营规范制度;
- 高风险旅游项目联合监管制度;
- 在线旅游的经营规范制度。

第一节 旅游规划制度

一、旅游规划概述

(一)旅游规划的概念与法律性质

从"规划"的本质含义上讲,规划就是进行比较全面的长远的发展计划,它是对未来整体性、长期性、基本性问题进行考量并设计未来整套行动的方案。

顾名思义,旅游规划就是指针对旅游业长远发展所做的计划,具体而言是指对一定地域范围的旅游业在未来若干年内建设和发展的总体部署和策划,对旅游休闲资源、相关设施和服务,以及其他相关资源进行合理配置和使用,力求旅游休闲业的经济、社会和环境效益实现最大化。

旅游规划的法律性质是指旅游规划在法律上的地位和属性。明确旅游规划法律性质的核心目的在于确定其本身的拘束力。编制完成后的规划如果没有一定的拘束效力,就很难体现和保证规划的科学性、长期性和可持续发展性。

根据旅游业发展的实际,旅游规划均由政府或政府所属旅游行政管理部门编制。一般来说,旅游行政管理部门在旅游方面代表政府行使职权,其编制旅游规划的行为自然也具有政府属性。而旅游规划是一种纲领性、战略性和导向性的规划,其作用是为旅游业发展提供一个指导性框架,原则上不对特定相对人的权益构成法律上的影响,因此可以确定其法律性质为规范性文件。

(二) 旅游规划的类型

国家旅游局 2003 年颁布的《旅游规划通则》(GB/T 18971—2003)把旅游规划分为旅游发展规划与旅游功能区规划(重点旅游资源开发利用的专项规划)[①]两种类型。

旅游发展规划是指根据旅游业的历史、现状和市场要素的变化所制定的目标体系,以及为实现该目标体系对旅游发展要素所做的安排。它包括了国家级、省级、地市级、县级等不同层面的旅游发展规划,是各级政府及旅游主管部门实施宏观指导和战略决策的依据,也是旅游功能区、旅游项目建设规划制定的依据。

旅游功能区规划是指为了保护、开发、利用和经营管理旅游功能区,使其发挥多种功能和作用而进行的各项旅游要素的统筹部署和具体安排。旅游功能区是以旅游为主要功能的开放式地域片区,不同于风景名胜区、自然保护区、地质公园、森林公园等,是由核心旅游吸引物连同周边的毗邻区共同构成的区域。实践中,比较典型的旅游功能区有旅游度假区、旅游开发区、乡村旅游区等。根据规划层次,旅游功能区规划又可分为总体规划、控制性详细规划、修建性详细规划等。

(三) 旅游规划的作用

旅游规划指导旅游系统不断地提高内部各因素之间的方向协同性、结构高效性、运行稳定性和环境适应性,增强旅游系统的整体竞争力。具体作用表现在以下几方面。

1. 确定旅游发展的合理目标

确定合理的规划目标,实质上是一个寻求理想与可达到平衡点的过程。旅游规划的作用不在于完全准确地预知和精确地规划未来,而在于正确地认识趋势,利用变化影响未来。

2. 催化旅游系统要素的相互整合

旅游系统要素的整合首先在于市场与资源的整合。旅游规划的作用,在于科学合理地确定资源与市场的平衡点,积极调动社会经济系统中已有的支持力量,指导和强化旅游系统有关各方的协同关系,以实现旅游系统的整体利益最大化。

3. 协调旅游资源保护与开发的关系

发展旅游业必须开发旅游资源,开发就会带来不同程度的破坏,旅游规划则从规划层面预

[①] 《旅游规划通则》把旅游规划分为旅游发展规划和旅游区规划,而《旅游法》分为发展规划和重点旅游资源开发利用的专项规划。

先对旅游资源的保护与开发提出系统性的建议,尽可能地减少破坏性开发行为。一方面,在规划的编制中,要收集相关部门的意见,使得制订出来的开发计划在资源的承载范围内。另一方面,旅游规划也是各相关部门开展旅游资源管理工作的重要依据。

(四)旅游规划的编制要求

作为综合性立法,《旅游法》对于旅游规划的编制只做了原则性规定,而具体的编制要求则体现在《旅游规划通则》中。

(1)旅游规划编制要以国家和地区社会经济发展战略为依据,以旅游业发展方针、政策及法规为基础,与城市总体规划、土地利用规划相适应,与其他相关规划相协调;根据国民经济形势,对上述规划提出改进的要求。

(2)旅游规划编制要坚持以旅游市场为导向,以旅游资源为基础,以旅游产品为主体,经济、社会和环境效益可持续发展的指导方针。

(3)旅游规划编制要突出地方特色,注重区域协同,强调空间一体化发展,避免近距离不合理重复建设,加强对旅游资源的保护,减少对旅游资源的浪费。

(4)旅游规划编制鼓励采用先进方法和技术。编制过程中应当进行多方案的比较,并征求各有关行政管理部门的意见,尤其是当地居民的意见。

(5)旅游规划编制工作所采用的勘察、测量方法与图件、资料,要符合相关国家标准和技术规范。

(6)旅游规划技术指标,应当适应旅游业发展的长远需要,具有适度超前性。

(7)旅游规划编制人员应有比较广泛的专业构成,如旅游、经济、资源、环境、城市规划、建筑等方面。

二、旅游发展规划制度

(一)旅游发展规划的分类

以规划的范围和政府管理层次为划分标准,旅游发展规划可分为全国旅游业发展规划、区域旅游业发展规划和地方旅游业发展规划。地方旅游业发展规划又可分为省级旅游业发展规划、地市级旅游业发展规划和县级旅游业发展规划等。

按照规划时间的长短,旅游发展规划又可分为近期发展规划(3~5年)、中期发展规划(5~10年)或远期发展规划(10~20年)。

旅游发展规划的主要任务是明确旅游业在国民经济和社会发展中的地位与作用,提出旅游业发展目标,优化旅游业发展的要素结构与空间布局,安排旅游业发展优先项目,促进旅游业持续、健康、稳定地发展。

(二)旅游发展规划的编制

1. 旅游发展规划的编制主体

《旅游法》第十七条明确规定,"国务院和省、自治区、直辖市人民政府以及旅游资源丰富的设区的市和县级人民政府,应当按照国民经济和社会发展规划的要求,组织编制旅游发展规划。对跨行政区域且适宜进行整体利用的旅游资源进行利用时,应当由上级人民政府组织编制或者由相关地方人民政府协商编制统一的旅游发展规划。"

由政府主导旅游发展规划的编制,一方面从法律层面解决了我国长期以来旅游发展规划编制主体不清的问题,强化了旅游业在国民经济社和社会发展中的地位;另一方面也有利于区域的整体规划和发展,保证旅游规划的科学性和应用性,增强旅游规划的"落地性"。

2. 旅游发展规划的编制内容

鉴于旅游发展规划的专业性、综合性、科学性等特点,《旅游法》第十八条对旅游发展规划应具备的基本内容予以了明确的规定,"旅游发展规划应当包括旅游业发展的总体要求和发展目标,旅游资源保护和利用的要求和措施,以及旅游产品开发、旅游服务质量提升、旅游文化建设、旅游形象推广、旅游基础设施和公共服务设施建设的要求和促进措施等内容。"同时还规定针对重点旅游资源,县级以上地方人民政府可编制专项规划对特定区域内的旅游项目、设施和服务功能配套提出专门要求。

3. 旅游发展规划的编制程序

旅游发展规划的编制程序是指政府组织编写旅游发展规划应遵循的步骤、顺序、形式、时限等要求。结合《旅游法》及《旅游发展规划管理办法》中的相关规定,本节梳理了如下旅游发展规划的编制程序。

(1)旅游发展规划的论证。《旅游发展规划管理办法》规定,"旅游发展规划上报审批前应进行经济、社会、环境可行性论证,由各级旅游局组织专家评审,并征求有关部门意见。"

(2)旅游发展规划的批准。《旅游发展规划管理办法》规定:地方旅游发展规划在征求上一级旅游部门意见后,报同级人民政府批复实施;国家确定的重点旅游城市的旅游发展规划,在征求国家旅游局和本省(自治区、直辖市)旅游局意见后,由当地人民政府批复实施。

(3)旅游发展规划的实施。《旅游法》第十七条规定,"国务院和县级以上地方人民政府应当将旅游业发展纳入国民经济和社会发展规划。"同时,第二十条也规定与土地利用总体规划、城乡规划等其他规划的衔接。

(4)旅游发展规划的修订。《旅游发展规划管理办法》规定,"地方各级旅游局可以根据市场需求的变化对旅游规划进行调整,报同级人民政府和上一级旅游局备案,但涉及旅游产业地位、发展方向、发展目标和产品格局的重大变更,须报原批复单位审批。"

(5)旅游发展规划的评估。旅游发展规划是否科学合理,除了看其在编制过程中有无充分审议论证外,更要看它在具体实施中的效果,这就离不开对其实施情况的评估与检验。《旅游法》第二十二条规定,"各级人民政府应当组织对本级政府编制的旅游发展规划的执行情况进行评估,并向社会公布。"

目前,国家旅游局已启动旅游规划课题研究和相关工作,其中一项重点工作就是在《旅游发展规划管理办法》的基础上,研究制定《旅游规划编制和评估办法》,新办法将进一步明确旅游发展规划、专项旅游规划等各类旅游规划的编制原则、组织、内容、评审、实施、评估等方面要求。

(三)旅游发展规划的衔接

《旅游法》颁布实施后,旅游发展规划将正式成为国家法定规划,与现行其他空间规划管理体系共同承担起促进区域空间科学开发与规范建设的责任。由于其综合性强,关联度高,涉及行业领域多,为保证规划实施的有效性与可持续性,需注重旅游发展规划与其他相关规划间的衔接关系。为此,《旅游法》第二十条明确指出,"各级人民政府编制土地利用总体规划、城乡规划,应当充分考虑相关旅游项目、设施的空间布局和建设用地要求。规划和建设交通、通信、供水、供电、环保等基础设施和公共服务设施,应当兼顾旅游业发展的需要。"

1. 与土地利用总体规划的衔接

土地是旅游产业发展的载体,在与土地利用总体规划的衔接上,主要表现在旅游发展规划的编制应当符合土地利用总体规划,而编制土地总体利用规划应考虑旅游产业用地的总量、用途、开发建设等因素。《国务院关于加快发展旅游业的意见》(2009年)指出:"年度土地供应要适当增加旅游业发展用地;积极支持利用荒山、荒坡、荒滩、垃圾场、废弃矿山、边远海岛和可以开发利用的石漠化土地等开发旅游项目;支持企事业单位利用存量房产、土地资源兴办旅游业。"

2. 与城乡规划的衔接

旅游发展规划与城乡规划衔接的主要目的是对旅游功能区域、旅游用地进行合理的划定和分配,促使旅游产业发展与城乡发展相协调,并且能够合理配给和提供旅游项目基础设施、公共服务设施等。具体体现在旅游业空间发展格局与区域城镇体系空间及产业布局的衔接;旅游城镇及景区与区域交通格局的衔接;特定旅游区域与区域建设布局的衔接以及重点旅游项目的落地衔接等方面。

3. 与环境保护规划的衔接

旅游规划与环境保护规划衔接,主要体现在旅游项目和设施的规划、建设要体现有关法律、法规关于环境保护的要求,不得违反有关环境保护的禁止性规定。

4. 与其他自然资源、文物等保护和利用规划的衔接

《旅游法》明确规定,"对自然资源和文物等人文资源进行旅游利用,必须遵守有关法律、法规的规定,符合资源、生态保护和文物安全的要求,尊重和维护当地传统文化和习俗,维护资源的区域整体性、文化代表性和地域特殊性,并考虑军事设施保护的需要。"

(四)旅游发展规划的法律责任

法律责任是法律规范有效实施的保障。旅游发展规划的相关法律责任集中在以下几个方面。

1. 旅游发展规划编制的责任

一是旅游发展规划编制的不作为,即不组织编写旅游发展规划,应承担不作为的法律责任;二是编写的旅游发展规划内容与上一级旅游发展规划存在冲突、突破等情形,应承担违法行为的法律责任;三是编写旅游发展规划的程序违法,未在编写过程中依照法律进行公示、征求意见、召开听证会等或没有与相关部门进行沟通与协调,承担程序违法法律责任。

2. 旅游发展规划执行的责任

一是执行了与上级旅游发展规划相冲突的旅游发展规划,应承担法律责任;二是在建旅游发展规划确定的旅游项目违反规划,应承担法律责任。

3. 旅游发展规划监督的责任

旅游发展规划的监督主体包括中央政府、省级政府及其他编制旅游发展规划的主体,若违反法律规定的监督规划执行职责,导致旅游发展规划确定的目标、项目等没有如期、如规划实现等,应承担法律责任。

第二节 旅游促进制度

一、旅游促进制度概述

(一)旅游促进制度的含义

旅游促进是指政府为促进旅游业发展制定的各项政策和措施的总和。我国的旅游促进制度主要包括旅游产业政策、旅游业财税优惠政策、旅游综合协调机制、旅游发展资金保障制度、旅游基础设施建设制度、旅游形象推广制度、旅游公共服务制度、旅游人才培养制度等。本节将着重论述旅游产业政策、旅游综合协调机制、旅游形象推广制度、旅游公共信息服务制度、旅游人才培养制度五项促进制度。

(二)旅游促进制度的意义

以上这些旅游促进制度为健全旅游管理体制、强化旅游发展规划、完善旅游产业发展机制、发挥政府主导作用、促进旅游业持续健康发展创造了法制环境。其重要意义如下:

(1) 促进旅游业发展有利于扩大内需。当前,内需不足、消费不振是制约我国经济发展的突出问题,而旅游消费具有拉动内需、促进消费的独特优势,并且旅游消费是可重复性消费,只要人们有时间、有收入、有愿望,就可以重复出游、不断消费。发展旅游业将对国家的内需提升有极大的促进作用。

(2) 促进旅游业发展有利于促进就业。目前我国就业压力加大,而旅游业是集现代服务业与传统服务业、劳动密集型与知识、技术密集型于一身的产业,不仅有很强的吸纳就业能力,作为新兴产业,旅游业还具有就业容量大、门槛相对较低、就业层次多、就业方式灵活等优势。发展旅游业,将有利于积极地促进就业,缓解我国的就业压力。

(3) 促进旅游业发展有利于提升人民生活质量。旅游活动可以陶冶情操、开阔视野、增长知识、促进交往,可以舒缓工作压力与精神压力,根本性地提升个人和家庭的和谐幸福。旅游已经成为人们提升生活质量的重要标准。

(4) 促进旅游业发展有利于促进对外交往。旅游是人在空间中的移动,既有外国旅游者到中国旅游,也有中国人到外国旅游,还有中国人在国内旅游。无论是哪种方式,旅游者必然会在异地与当地民众发生交往、进行交流,增加对异地风土人情、风俗习惯的认识与了解。

二、旅游产业政策

改革开放以来,我国旅游业的蓬勃发展受到全世界的瞩目,这与我国实施有效的旅游产业政策密不可分。《旅游法》第二十三条规定,"国务院和县级以上各级人民政府应当制定并组织实施有利于旅游业持续健康发展的产业政策,推进旅游休闲体系建设,采取措施推动区域旅游合作,鼓励跨区域旅游线路和产品开发,促进旅游与工业、农业、商业、文化、卫生、体育、科教等领域的融合,扶持少数民族地区、革命老区、边远地区和贫困地区旅游业发展。"

1. 推进旅游休闲体系建设

旅游休闲体系建设内涵丰富,从休息时间的保障到休闲设施的完善,再到休闲服务的体系性支撑,都需要政府给予政策支持。

2. 推动区域旅游合作

加强区域旅游合作,打破地区间的行政和非行政壁垒,有利于形成合力,促进旅游业发展。区域旅游合作不仅是为了解决旅游资源的跨区域问题,还在于实现不同地区的优势互补。

3. 促进产业融合发展

实现旅游业与工业、农业、文化、体育、科教等领域的不断融合,丰富旅游产品类型,带动相关产业发展,需要相关政策的扶持和协调。

4. 扶持老少边穷地区旅游发展

革命老区、少数民族地区、边远地区和贫困地区社会经济发展还比较落后,基础设施差,但旅游资源丰富。促进这些地区旅游业的发展,具有重要的社会意义和政治意义。

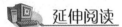
延伸阅读

国民旅游休闲纲要(2013—2020年)

随着大众旅游休闲时代的到来,2013年2月,国务院批准发布了《国民旅游休闲纲要(2013—2020年)》(以下简称《纲要》),引导全社会树立健康、文明、环保的休闲理念,更好地满足广大人民群众旅游休闲的消费需求。

《纲要》提出,到2020年,职工带薪年休假制度基本得到落实,城乡居民旅游休闲消费水平大幅增长,健康、文明、环保的旅游休闲理念成为全社会的共识,国民旅游休闲质量显著提高,与小康社会相适应的现代国民旅游休闲体系基本建成。同时就保障国民旅游休闲时间、改善国民旅游休闲环境、推进国民旅游休闲基础设施建设、加强国民旅游休闲产品开发与活动组织、完善国民旅游休闲公共服务、提升国民旅游休闲服务质量六个方面,明确了具体的任务和措施。

《国民旅游休闲纲要》出台的意义极其重大,表现在:发展国民旅游休闲,有利于彰显以人为本的执政理念;旅游休闲是小康生活的重要内容,《纲要》出台有利于提升人民生活质量;旅游休闲是人民分享改革开放成果、体验"美丽中国"的重要载体;发展旅游休闲顺应了旅游业发展趋势,有利于推动旅游业转型升级,《纲要》的出台有利于进一步发挥旅游业拉动内需、促进就业的功能,加快推动国民经济结构调整。

同时,职工带薪年休假制度的落实意味着公众每年可能将会增加1~2个类似于黄金周的度假时段。根据以往数据,每个黄金周能带来约1亿人次的出游消费,实现旅游收入500亿元以上。

三、旅游综合协调机制

旅游综合协调机制是指各级人民政府协调部门之间、地方之间及地方与部门之间的关系以促进旅游业发展的机制,其具体形式包括旅游领导小组、旅游发展联席会议、旅游发展大会等。由于旅游业地区、行业跨度大,产业链较长,涉及吃、住、行、游、购、娱等各要素,因此要推动旅游业有序健康发展,需进一步加大各地方、部门间的沟通协调力度,形成合力促发展。《旅游法》第七条规定,"国务院建立健全旅游综合协调机制,对旅游业发展进行综合协调。县级以上地方人民政府应当加强对旅游工作的组织和领导,明确相关部门或者机构,对本行政区域的旅游业发展和监督管理进行统筹协调。"

据此,国务院及省级、市级、县级地方人民政府都应建立健全旅游综合协调机制。在国务院层面,要充分发挥旅游综合协调机制的作用,从宏观上加强协调引导;在县级以上人民政府,要明确相关部门或机构,对本行政区内的旅游业发展和管理予以统筹协调;同时,各旅游乡镇也要明确专人负责乡村旅游工作,以体制机制的力量推动旅游业持续健康发展。

延伸阅读

各地纷纷建立旅游综合协调机制

目前,全国各地城市有超过一半以上的地方建立了旅游综合协调机制。而随着旅游经济的持续快速发展,旅游协调机构也由单一部门向综合联动转变,继上海、海南成立旅游发展委员会以后,北京市旅游发展委员会于2011年4月8日正式挂牌成立。同时,我国旅游资源丰富、旅游经济发达的地市也相继成立旅游发展委员会,以适应时代的变化。目前我国成立旅游发展委员会的地市还有杭州市、黄山市、海口市、三亚市、大理市、青岛市等。此外,一些市、县结合当地实际,将旅游部门与其主要旅游资源的管理部门合并。比如,绍兴市的旅游委员会把文物管理的职能纳入其中,杭州富阳市运动休闲委员会推动了旅游与体育的结合发展,无锡江阴市的园林旅游局促进了园林资源的旅游化利用。总体来看,这些机构的成立使得政府对旅游业发展的统筹协调更为有力有效。

四、旅游形象推广制度

(一)旅游形象推广的含义

旅游形象是指人们对旅游目的地的旅游资源、服务产品与项目、管理体制与水平、设施体系、交往经历与态度等的综合感知。旅游目的地的形象是吸引游客的关键因素,要加强旅游形象在旅游者中的传播与宣传,就离不开旅游形象的推广。

所谓旅游形象推广,即旅游目的地通过形象的识别与传播,与旅游目标市场现实和潜在的消费者进行沟通,促使其了解、信赖并购买,以达到扩大目的地旅游产品销售目的的一种活动过程。旅游形象推广作为提高旅游地知名度、扩大旅游地市场占有率、顺应旅游市场发展趋势的重要手段,在整个旅游经济中占据了愈加突出的地位。

(二)旅游形象推广的主体

《旅游法》第二十五条明确规定,"国家制定并实施旅游形象推广战略。国务院旅游主管部门统筹组织国家旅游形象的境外推广工作,建立旅游形象推广机构和网络,开展旅游国际合作与交流。县级以上地方人民政府统筹组织本地的旅游形象推广工作。"

由政府机关主导旅游形象推广工作,是由于旅游形象推广具有综合性、公共性、持久性等特点,它是一项庞大的系统工程,不仅需要大量人力、财力的支持与投入,更需要持续的、全方位的长期促销,才能产生效益。而唯有政府能够全面有效地协调各类社会资源,在战略规划、资金投入、政策支持、观念引导等领域起到必要的作用。

当然,这并不意味着旅游形象推广的一切工作完全由政府包办,在这个过程中,更少不了企业、社会团体乃至公众的积极参与和配合。

(三)旅游形象推广的途径与保障

国家和地方政府应积极整合网络、电视、报纸等宣传推广的渠道,协调旅游、交通、文化、体育等部门,调动旅行社、酒店、景区等相关组织的积极性,打造特色鲜明、富有内涵的旅游形象。由政府主导实施旅游目的地形象推广的具体途径可包括以下几种。

(1) 规划与制定整体推广战略。例如,可主持召开专家研讨会,邀请国家有关部委局的领导、著名专家学者、知名旅游目的地形象策划人和各区代表等参加,通过专家讲解、经验交流、集中研讨、分组讨论、媒体宣传等形式来引导和推进旅游目的地形象推广战略的制定,以确保目的地形象定位的准确性与广泛的可接受性。

(2) 牵头组织旅游目的地标志性节庆活动。节庆活动是对旅游目的地形象各要素进行整合的主要方式。它将旅游目的地高质量的产品、服务、娱乐、背景、人力等众多因素围绕某一主题进行组织与整合,全面盘活目的地静态设施与服务。另外,节会期间大众媒体的集中报道将迅速提升目的地的知名度和美誉度,高效推广目的地的形象。

(3) 有效管理旅游目的地形象要素体系。旅游形象要素体系主要包括目的地的主题口号、视觉表征、社会行为等要素。统一宣传口号的内涵有利于目的地形象的迅速、有效推广。视觉表征包括通道、边沿、节点、目标区域、地方标志物等视觉景观与目的地名称、标徽、字体、吉祥物等视觉符号系统两大类,政府应组织和引导各企业、各景区进行统一的形象部署。此外,政府可通过制定法规政策,加强公德教育,规范旅游从业人员及当地的居民行为,以营造游客满意的愉悦氛围。

(4) 提供宣传推广经费的保障。旅游形象推广工作的资金投入具有数额大、时效长等特点,这就需要政府予以稳定的财政经费保障。《旅游法》第二十四条也指出,"国务院和县级以上地方人民政府应当根据实际情况安排资金,加强旅游基础设施建设、旅游公共服务和旅游形象推广。"

五、旅游公共信息服务制度

(一)旅游公共信息服务概述

1. 旅游公共信息服务的概念

旅游公共信息服务是旅游公共服务体系建设的核心部分,是指为满足游客对旅游目的地旅游基本信息、旅游产品促销信息、旅游安全信息、公共环境等相关信息服务的需要,由目的地政府及其他公共组织将收集、加工好的信息传递给相关旅游者的过程。

2. 旅游公共信息服务的特点

旅游公共信息服务具有权威性、有效性、广泛性、公共性、共享性等特点。

权威性。这是由政府及其他公共组织所处的地位决定的。因为政府及其他公共组织掌握着国家权力或社会公共权力,能够获得一般旅游企业无法或无力获取的大量信息,例如旅游目的地的总体接待能力、天气预报、地质灾害预警信息等。

有效性。政府及其他公共组织的权威性确保了政府公共性服务的有效性。如果由某企业或私人部门提供公共信息,因其自利性而导致其提供信息的可信度大打折扣。

广泛性。政府及其他公共组织的活动涉及旅游目的地经济与社会生活的方方面面,其信息来源之多、范围之广和内容之丰富是其他组织难以比拟的,各种旅游政务信息、旅游市场信息、旅游接待能力信息等主要由政府及其他公共组织掌握。

公共性。旅游公共信息服务是政府及其他公共组织的公共服务形式之一,体现了政府及其他公共组织的性质和目的,具有公共物品属性。

共享性。政府公共信息服务的对象是所有符合资格的旅游者(间接地服务于旅游企业)。

3. 旅游公共信息服务的意义

2011年,国家旅游局发布了《中国旅游公共服务"十二五"专项规划》,确定了旅游公共服务建设的重要性,把旅游公共信息服务作为提升旅游公共服务的切入点,并明确提出要大力发展旅游公共服务,力争到"十二五"期末,基本完善旅游信息咨询服务体系等五大体系。

从一定程度上说,旅游公共信息服务实现了旅游供给者和旅游需求者之间的对接,促进了旅游产业的发展。而随着近几年"智慧旅游"的兴起与发展,对旅游公共信息服务的建设也提出了更高的要求。

旅游公共信息服务可谓是"智慧旅游"发展的基础,是旅游产业升级转型的助推手,是旅游服务水平提升的支撑,也是区域旅游和谐发展的可靠保障。

(二)旅游公共信息服务制度的内容

鉴于旅游公共信息服务对便利旅游者出游、促进旅游业发展有着重要意义,《旅游法》对旅游公共信息服务作出了详尽规定,主要包括下述内容。

(1)旅游公共信息服务的提供主体。根据《旅游法》的规定,旅游公共信息服务的提供主体应为国务院旅游主管部门和县级以上地方人民政府。也就是说,在国家层面,国家旅游局作为国家代表向境外旅游者提供我国境内的旅游信息;在地方层面,则由省级人民政府、设区的市级人民政府及县级人民政府向境内旅游者提供其管辖区域内的旅游信息。

(2)旅游公共信息服务的内容。《旅游法》规定,"国务院旅游主管部门和县级以上地方人民政府应当根据需要建立旅游公共信息和咨询平台,无偿向旅游者提供旅游景区、线路、交通、气象、住宿、安全、医疗急救等必要信息和咨询服务。"

(3)旅游公共信息的提供方式。信息的价值就在于能够及时、廉价、便捷地为公众获取。故《旅游法》明确规定,国务院旅游主管部门及县级以上地方人民政府应无偿向旅游者提供旅游所必要的信息和咨询服务。这里的"无偿提供"也是因为旅游公共信息服务具有公共性和共享性的特点。同时,《旅游法》还要求设区的市和县级人民政府有关部门根据当地旅游业发展的实际需要,在交通枢纽、商业中心和旅游者集中场所设置旅游咨询中心,在景区和通往主要景区的道路设置旅游指示标识。

六、旅游人才培养制度

"十二五"时期是我国旅游业向国民经济的战略性支柱产业和人民群众更加满意的现代服务业迈进的重要阶段,是我国旅游业转型升级的关键期,也是旅游业快速发展的黄金机遇期。这就要求加大旅游人才培养力度,确立旅游人才在旅游业发展中优先发展的战略地位,努力形成旅游人才竞争的比较优势,培养造就一支规模宏大、素质优良、结构合理、与旅游业发展相匹配的旅游人才队伍,而旅游人才队伍的建设离不开法律制度的支持与保障。

(一)旅游职业教育制度

旅游职业教育是提供旅游人才的主渠道,加强旅游人才队伍建设,首先要抓好旅游职业教育。《旅游法》第二十七条规定,"国家鼓励和支持发展旅游职业教育和培训,提高旅游从业人员素质。"《中国旅游业"十二五"人才发展规划》中也提到,要整合旅游教育资源,支持地方建设应用性旅游院校,统筹旅游中等职业教育与高等职业教育发展;鼓励地方建立健全旅游职教集团,搭建多层次校企合作平台,推动校企合作;推动旅游教育人才培养模式改革,提升教育质量。

因此,国家及各地区应根据《旅游法》的要求,从建设旅游强国、旅游强省(区、市)的高度增强发展旅游教育的使命感与责任感,建立健全政府主导、行业指导、企业参与的旅游职业教育办学机制。

(二)旅游从业人员执业准入制度

旅游从业人员的整体素质既关系到旅游业当前的运营状况,更关系到旅游业未来的发展后劲。《旅游法》虽然未对旅游从业人员执业准入作出直接规定,但是通过相关法条可以推断出来。例如,第三十七条规定,"参加导游资格考试成绩合格,与旅行社订立劳动合同或者在相关旅游行业组织注册的人员,可以申请取得导游证。"第三十九条规定,"取得导游证,具有相应的学历、语言能力和旅游从业经历,并与旅行社订立劳动合同的人员,可以申请取得领队证。"再结合《导游人员管理条例》、《导游人员管理实施办法》等相关法条的规定可以看到,无论是导游资格还是领队资格的取得都需要满足相应的准入条件。

第三节　新业态旅游

一、乡村旅游经营规范

(一)乡村旅游的概述

1. 乡村旅游的概念

乡村旅游,是以乡村地域及与农事相关的风土、风物、风俗、风景组合而成的乡村风情为吸引物,吸引旅游者前往休闲、观光、体验及学习等的旅游活动。

在2004年贵州乡村旅游国际论坛会上,专家对中国乡村旅游的界定形成了比较一致的看法,认为应包含以下三点:一是以独具特色的乡村民俗民族文化为灵魂,以此提高乡村旅游的品位和丰富性;二是以农民为经营主体,充分体现"住农家屋、吃农家饭、干农家活、享农家乐"的民俗特色;三是乡村旅游的目标市场应主要定位为城市居民,满足都市人享受田园风光、回归淳朴民俗的愿望。

2. 乡村旅游经营中存在的问题

我国乡村旅游起步于20世纪80年代,随着城镇居民收入水平的提高、旅游需求的产生而逐步形成,自推行"黄金周"、"小长假"制度后,乡村旅游更是得到了快速发展。2013年,红红火火的休闲农业和乡村旅游在全国9万个村镇开展,其中"农家乐"达155万家,2800万农民从中受益。在迅猛发展的过程中,一些负面问题也逐渐显现。

(1)经营开发缺乏规划。地方在发展乡村旅游时,没有将乡村旅游资源的开发纳入区域旅游开发的大系统进行统筹安排、全面规划,任由经营者进行盲目的投资与开发,甚至出现了遍地开花和重复建设的现象,导致乡村旅游资源形式单一、水平不高、档次低下。

(2)旅游基础设施落后。许多基础设施适应不了游客的需要,例如,道路、停车场、洗手间、工具室、电话亭等公共设施简陋,设备不足,客房、餐厅、茶楼等主要食宿设施条件差,卫生状况和设施设备条件难以让人接受,难以留住游客。

(3) 旅游产品雷同性大。目前我国的乡村旅游产品存在单一、粗糙、品位不高等问题,许多乡村旅游产品只是表层开发,缺乏创新设计和深度加工,难以满足旅游市场日趋多层次、多样化和高文化品位的旅游需求。

(4) 管理与经营体制不健全。从行业管理上看,管理力度不够,并缺乏相应的政策法规,大多数"农家乐"协会也形同虚设,许多开发和经营行为得不到应有的规范。

(二) 乡村旅游经营规范制度

《旅游法》的相关条文中虽然未对乡村旅游问题做出明确规定,但其第四十六条做出了授权性规定,"城镇和乡村居民利用自有住宅或者其他条件依法从事旅游经营,其管理办法由省、自治区、直辖市制定。"

该法条包含以下含义:一是经营主体既包括城镇居民,也包括乡村居民;二是经营的场所和设施是自有住宅或者其他条件,这里的"其他条件"主要是指土地、水流、农林渔牧等资源,可为旅游者提供民俗体验、垂钓、采摘、饮食等服务。三是经营的业务范围是旅游经营,即为旅游者提供住宿、餐饮、购物、娱乐、体验等与旅游相关的服务。四是管理办法应由省、自治区、直辖市人民政府制定,这是因为考虑到目前我国城镇和乡村居民从事旅游经营涉及的面比较宽、部门比较多。

同时,各地政府也相继制定出台了一些加强乡村旅游经营监管的规范性文件,比如,北京市出台了《北京市郊区民俗旅游户服务质量划分与评定标准》、《北京市乡村民俗旅游户餐饮服务食品安全监督管理办法》,上海市制定了《上海市乡村旅游促进和管理办法》,江苏省颁布了《江苏乡村旅游点质量等级划分规范标准》,湖南省制定了《乡村旅游服务经营基本条件》,浙江省制定了《乡村旅游点服务质量等级划分与评定》等。综合《旅游法》及各地政府已出台的政策、法规,乡村旅游的经营规范制度主要包括以下几类。

1. 基本经营条件的核准

乡村旅游产品因地而异,各具特色,且各地发展不平衡,因此基本经营条件往往由当地政府部门结合实际情况来制定。

在湖南省出台的《乡村旅游服务经营基本条件》中,从从业资格、环境条件、安全条件、卫生条件、服务设施、服务项目、经营服务质量等七个方面提出要求,每个方面都包含2~6条详细的规定。比如应按相关法律、法规的规定办理工商营业执照、税务登记证、卫生许可证等证照;区域内生态环境良好,具有浓郁的乡村风情,天然植被、绿地(含水面)面积应不小于区域面积的70%,区域周围500m范围内无污染源;建筑物结构坚固,安全设施完好有效,符合国家有关安全规定;餐饮场所、住宿场所、提供的饮用、食(饮)器具消毒应符合国家标准;应提供三个以上游乐项目,宜提供具有乡村特色的室外项目;服务设施应与提供的服务项目相适应等。

2. 经营资质审批登记

目前,关于开办农家乐、休闲山庄等乡村旅游项目的审批登记手续并无统一的流程规定,大致的做法有以下几种。

(1) 由经营业主向项目所在地乡镇政府提出申请,经乡镇政府初审后,向旅游主管部门提交相关文件,经旅游主管部门审定后,再到卫生、防疫、工商、税务等部门办理相关证件。

(2) 由旅游主管部门统一为申请的业主提供一站式服务,代为办理相关手续和证照。

(3) 经营业主直接凭材料到卫生、防疫、工商、税务等部门办理审批和登记手续,无需旅游主管部门前置审核环节。

3. 服务质量认证或等级评定

国家旅游局2002年出台了《全国工农业旅游示范点检查标准（试行）》，该文件从示范点的接待人数和经济效益、示范点的社会效益、示范点的生态环境效益、示范点的旅游产品、示范点的旅游设施、示范点的旅游管理、示范点的旅游经营、示范点的旅游安全、示范点的周边环境和可进入性、示范点的发展后劲评估十个方面确立了工农业旅游示范点的检查标准。

标准的确立大大推进了各地对于乡村旅游服务质量认证和等级评定工作的开展，如北京、上海、浙江、成都等地纷纷出台了当地乡村旅游等级划分与评定的办法和标准。以浙江为例，在其2006年实施的《乡村旅游点服务质量等级划分与评定》中，依据乡村旅游点的硬件设施、功能布局、安全卫生、环境保护和服务管理等软硬件水平，评定一星级、二星级、三星级乡村旅游点。这些地方标准的出台对于促进当地乡村旅游规范化、持续性发展具有重要的作用。

延伸阅读

欧美国家对乡村旅游的监管

欧美国家乡村旅游发展较早，相关立法比较成熟，监管机制也相对完善。在意大利，从国家法律到地方法规，建立了针对乡村旅游的完整法律体系。部分地区偏重于乡村农场建设准则性规定，比如在托斯卡纳地区，农场建设新的建筑是不被允许的，发展农业旅游必须是现有的但修缮完好、内部装修现代化的建筑。当然，为保证乡村旅游质量，意大利部分地区也作出具体制约性规定，比如在撒丁岛地区，1998年即颁布法规限定旅游农场提供产品及服务的数量和质量。

在西班牙，政府从立法上确立乡村旅游的地位，并就乡村旅游制定了各方面的标准，以确保西班牙乡村旅游的质量。比如，对乡村旅馆，法律就规定必须是具有50年以上历史的老房子，而且最多提供10～15个房间（现在也有一些专门化的划分，如专门接待残疾人的旅馆），开业需要申请，经过政府审核合格，才发给开业许可证。不符合上述标准的将拿不到开业许可证。

在欧美国家乡村旅游的监管机制中，除国家行政机构具有监管职能外，很多行业协会、社会团体的作用不可忽视。比如丹麦全国性的乡村旅游组织全国农业旅游协会，英国北奔宁地区的农业发展与咨询服务处（ADAS）、乡村发展委员会、农业培训委员会、农场度假部等。

二、高风险旅游活动经营规范

（一）高风险旅游活动概述

1. 高风险旅游活动的概念与种类

高风险旅游活动是指相对危险性明显高于正常情况，可能给旅游者带来人身伤害的旅游活动。这既包括旅游者参与的需要特殊体力、体能、技能和心理素质才能驾驭的刺激性体育活动，也包括旅游者参与的以乘坐特种游乐设施和交通娱乐设施等为体验经历的游乐活动。

《旅游法》条文中将高风险旅游活动概括为五大类，即高空、高速、水上、潜水、探险。旅游实践中，高空类活动主要包括滑翔伞、热气球、动力伞等空中项目；高速类活动主要包括轮滑、滑雪、卡丁车以及大型游乐设施等速度类项目；水上类活动主要包括摩托艇、游艇、水上飞伞以及水上游乐设施等水域类项目；潜水类活动主要指旅游者穿戴潜水服、氧气瓶等潜入水下的观光、休闲项目，以及水下游艇等水下旅游项目；探险类活动包括穿越高山、峡谷、暴走以及蹦极、攀岩等项目。

2. 高风险旅游活动的特点

高风险旅游活动一般具备如下几个主要特点。

（1）项目危险系数高，存在较高的人身安全风险。这些旅游项目通过挑战旅游者的勇气和体能，让旅游者达到崇尚冒险、追求新奇、释放压力的心理需求，所依托的资源往往是高空、水上或未开发的景区，故其安全风险远远高于常规旅游项目。

（2）旅游者自愿选择参加，通常直接和经营者发生交易关系。由于存在较高的安全风险，所以旅行社的常规线路产品中一般不包括这些旅游项目。通常和高风险旅游活动经营者发生交易关系的是一些自助旅游的游客或是旅游团中自行选择参加的游客。

（3）属于新兴旅游产品，安全监管难度大。目前，虽然有国家旅游局、国家体育总局等主管部门颁布了《漂流旅游安全管理暂行办法》、《热气球运动管理办法》、《动力伞运动管理办法》、《国内登山管理办法》等规章对部分高风险旅游项目进行专业规范，但由于缺乏有效监管和完善的安全保障，我国各地高风险旅游活动安全事故频发，造成了较为严重的人员伤亡和恶劣的社会影响。

（二）高风险旅游经营规范制度

1. 项目经营许可制度

《旅游法》第四十七条规定，"经营高空、高速、水上、潜水、探险等高风险旅游项目，应当按照国家有关规定取得经营许可。"该条文从基本法角度明确了高风险旅游项目经营许可制度的设立，即经营者从事相关经营项目的，必须取得相应资质，获得经营许可。这对规范高风险旅游项目的经营行为，保障旅游者的安全有至关重要的作用。

2013年5月，由国家体育总局、人力资源和社会保障部等5部委联合发布的《第一批高危险性体育项目目录公告》要求，游泳，滑雪（高山滑雪、自由式滑雪、单板滑雪），潜水，攀岩四大项目的经营单位应当在其经营场所醒目位置张贴本公告，对消费者进行提示，并于公告公布后6个月内按照相关规定办理许可手续。

此外，《湖南省体育经营活动管理条例》第六条也规定，"从事射击、跳伞、滑翔、热气球、赛车、轮滑、攀岩、登山、漂流、探险、拳击、武术、摔跤、柔道、健身气功、游泳、潜水、蹼泳、皮划艇、跳水、水球、赛艇、摩托艇、滑水、帆船等专业性强、技术要求高或者危险性大的体育项目的经营活动，应当向县级以上人民政府体育管理机构提交可行性报告，经过严格审查批准并发给体育经营许可证后，向工商行政部门申请注册登记，领取营业执照。"

高危险性体育项目经营者取得许可证后，不再符合本条例规定条件仍经营该体育项目的，由县级以上地方人民政府体育主管部门按照管理权限实施责令改正、没收违法所得、吊销许可证等处罚措施。

2. 联合监管制度

高风险旅游项目项目种类多，且一般都兼具体育运动的属性，因此，单一的行政监管模式难以适应需要。基于我国现有的法律基础，对高风险旅游项目实施联合监管制度，明确部门分类管理将具备更好的可行性。

（1）高空旅游项目一般依照《民用航空法》的规定，由国务院民用航空主管部门及其设立的地区民用航空管理机构实施许可和监管。

（2）高速旅游项目一般是依托游乐设备等特种设备来实施监管。

（3）水上旅游项目包括水域和海域两种水上空间。《海上交通安全法》、《水路运输管理条例》、《内河交通安全管理条例》等对快艇等水上高危旅游项目作出了规制。交通运输部的《游艇安全管理规定》对游艇所有人自身用于游览观光、休闲娱乐等活动的游艇航行、停泊以及俱乐部等进行了规范。国家特种设备目录则列出了"峡谷漂流系列"、"水滑梯系列"等水上游乐设施的经营规范。

（4）大众化的高危险性体育项目,如蹦极、攀岩活动等,国家强制标准《体育场所开放条件与技术要求》(GB 19079)对其经营场所进行了规范。

（5）探险旅游一般是依托山地环境所进行的高风险活动。《国内登山管理办法》规定,对西藏自治区 5000 米以上和其他省、自治区、直辖市 3500 米以上独立山峰的登山活动进行审批;攀登 7000 米以上山峰,登山活动发起单位应当在活动实施前三个月向国家体育总局申请特批。

3. 责任保险制度

《旅游法》第五十六条规定,"国家根据旅游活动的风险程度,对旅行社、住宿、旅游交通以及本法第四十七条规定的高风险旅游项目等经营者实施责任保险制度。"这就要求高风险旅游项目的经营者必须实施责任保险制度。

保险制度的价值在于对风险发生后的补救和赔偿,故旅游者在参加高风险旅游项目时,可通过购买保险来转移风险,既满足旅游者挑战极限的心理,又可以确保旅游者在损害发生时获得应有的赔偿,进而营造一个安全、公平的旅游环境。长远来看,这一举措也有利于提高社会大众的风险防范意识和投保意识,进而促进高风险行业的正常运转和蓬勃发展。

三、在线旅游经营规范

（一）在线旅游概述

1. 在线旅游的概念

在线旅游是指旅游消费者通过网络平台浏览旅游产品或服务,通过在线预订或者电话预订的方式,预订机票、酒店、门票等旅行产品或服务。这里的电话预订是指从在线旅游服务提供商的网站查询旅游信息,并通过服务商的呼叫中心进行的预订。

在线旅游不同于传统旅行社的门店销售,它依托于互联网,充分利用互联网的人群覆盖能力,一方面帮助旅游用户方便直观地了解旅行资讯;另一方面向旅游用户提供快捷、顺畅、高效、安全的在线预订服务。

延伸阅读

在线旅游市场迅猛发展

在线旅游以其低廉的交易成本、专业的旅客自助化服务及便捷的旅客互动等优势,成为推动全球旅游经济发展的一股不可忽视的新兴力量。据统计,2012 年在线旅游市场交易规模达到 1729.7 亿元,较 2011 年的 1074 亿元增长 61.3%,2013 年前三季度的交易额分别为 489.1 亿元、509 亿元和 585.6 亿元,同比增幅分别为 39%、29% 和 17.1%,全年交易额有望突破 2100 亿元,而到 2016 年,预计在线旅游的交易量将达到 4000 亿元的市场规模。

2. 在线旅游经营商的类别

目前,在线旅游经营商主要有以下五种类别。

(1) 以携程为代表的OTA(在线旅行社)。此类经营商具有旅行社经营资格,可以合法经营旅行社业务。

(2) 以"去哪儿网"为代表的旅游垂直搜索引擎,此类经营商不具有经营资格,而是将消费者引导到产品供应商的页面进行结算。

(3) 各传统旅行社自设线上平台进行旅行社服务产品销售,如中青旅遨游网等。

(4) 传统电子商务网站提供销售平台,加入旅游产品进行销售,诸如淘宝旅行、各团购网站等。

(5) 旅游要素提供商进行线上直销,包括各连锁甚至单体酒店企业、各航空公司、各旅游景区等的在线销售。

3. 在线旅游经营中存在的问题

在线旅游迅猛发展的同时,其经营方面也暴露出不少问题。

(1) 市场恶性竞争严重,产品质量参差不齐。一方面,在线旅游网站多数以提供机票、酒店预订为主,经营产品同质化比较严重,价格竞争白热化,甚至出现"零负团费"的模式。另一方面,在线旅游产品质量不高,成为旅游消费投诉的高发领域,出现纠纷后,旅游网站与线下供应商往往互相推诿,大大增加了游客维权难度。

(2) 在线旅游行业监管主体缺位、监管措施缺失。由于在线旅游经营的模式已超出了传统旅行社的经营模式,如《旅行社管理条例》及《旅行社管理条例实施细则》等传统的线下旅游监管制度,对在线旅游交易也并不完全适应。加之目前所颁布的与电子商务有关的规章,大多由工业和信息化部、公安部、国家工商行政管理总局等部门颁布,这些规定对旅游行业监管并没有针对性,也体现不出旅游行业管理的特殊性。这就导致了在线旅游监管缺失,尤其是对经营性旅游网站在资质和管理方面的监管存在漏洞。

(二) 在线旅游经营规范制度

1. 经营许可制度

《旅游法》第四十八条第一款规定,"通过网络经营旅行社业务的,应当依法取得旅行社业务经营许可,并在其网站主页的显著位置标明其业务经营许可证信息。"

虽然《旅行社管理条例实施细则》最早对网络旅游经营做出了规定,"旅行社以互联网形式经营旅行社业务的,除符合法律、法规规定外,其网站首页应当载明旅行社的名称、法定代表人、许可证编号和业务经营范围,以及原许可的旅游行政管理部门的投诉电话。"但是该规定并未对其实施经营许可证做出强制规定。而《旅游法》的该条规定则是对旅行社业务经营许可证制度在网络经营活动中的首次确认。在此需要注意的是,此款规定针对的是经营性的旅游网站,对于只提供旅游信息的非经营性网站并不适用。

2. 信息发布制度

《旅游法》第四十八条第二款规定,"发布旅游经营信息的网站,应当保证其信息真实、准确。"此条款对所有涉及发布旅游经营信息的网站均有约束作用,并不仅限于经营性网站。

此外,由于在线旅游经营属于电子商务活动,故适用其监管的法律法规还包括《侵权责任法》、《合同法》、《电子签名法》、《互联网信息服务管理办法》、《网上交易平台服务自理规范》等。

随着这一系列监管法律制度的完善,将使在线旅游的服务更规范、信息更透明,也为旅游业迈入"依法治理"、"依法维权"的新时代保驾护航。

本章练习

思考题

1. 什么是旅游规划?它的作用有哪些?
2. 旅游规划编制的基本要求有哪些?
3. 旅游发展规划的编制主体、内容和程序如何?
4. 旅游形象推广的主体和途径是什么?
5. 旅游公共信息服务制度的内容有哪些?
6. 乡村旅游经营规范有哪些?
7. 高风险旅游活动的特点有哪些?
8. 高风险旅游项目经营许可制度的内容有哪些?
9. 什么是在线旅游?其经营规范制度有哪些?

案例分析

2013年8月22日,四川省人民政府发布《关于加快建设旅游经济强省的意见》(以下简称《意见》)。《意见》从总体要求、重点任务、政策引导、组织保障四个方面就加快建设旅游经济强省提出一系列措施意见,包括以下内容。

完善旅游公共服务。要建立旅游公共信息和咨询平台,加强资金、信息、技术和人才等保障。实施"智慧旅游"、自驾游营地、旅游咨询中心、旅游气象服务、旅游保险、旅游集散中心、观光巴士、乡村旅游设施、旅游刷卡无障碍和旅游标准化等十大示范工程。

提升旅游影响力。实施四川旅游形象推广战略。组建"四川入境旅游市场营销联盟",创新宣传方式和营销渠道。深化境内外合作,拓展国际合作渠道,扩大对外交流。

夯实旅游人才基础。培养和引进国内外高端人才。建立全省旅游教育培训网络,提升国家西部旅游人才培养基地建设。积极推进国家职业资格证书制度。

完善旅游综合协调机制。建立健全省、市、县三级旅游综合协调、旅游市场联合执法监管、违法行为查处信息共享、跨部门跨地区督办和旅游安全突发事件应对管理综合协调机制。县级以上政府要建立旅游投诉统一受理机构,4A级以上景区(含4A级)和省级以上旅游度假区(含省级)要专门设立投诉受理机构。

注重政策落实。落实《国民旅游休闲纲要》、《职工带薪年休假条例》等规定,完善扩大旅游消费政策。积极推进和支持旅游公益诉讼。用好用足外籍人士来华72小时过境免签政策,扶持从事低空旅游的通用航空公司和自建旅游机场的企业。按照国家有关规定奖励作出突出贡献的单位和个人。

强化规划引领。将旅游业发展纳入国民经济和社会发展规划,科学编制旅游发展规划和各类专项规划。健全规划编制和评价体系,完善规划实施保障制度。

加大财政投入。各级政府应根据实际情况设立旅游发展专项资金,加大对旅游基础设施、公共服务、形象推广、执法监督、人员培训和促进旅游就业等的投入。各相关部门在安排项目建设资金时应注重与旅游产业发展相结合。

保障旅游用地需求。将旅游用地纳入土地利用总体规划。优先保障列入省级重点项目的旅游项目建设用地。对符合法律规定可修改规划单独选址的项目，在不占用基本农田的前提下依法予以调整土地利用总体规划。支持利用废弃矿山、腾退宅基地等存量建设用地及荒山、荒坡、荒滩等依法开发旅游项目，支持企事业单位利用存量房产、土地资源依法开发旅游。

其他措施还有抓好旅游交通建设；推进旅游城镇建设；健全法规与标准体系；加大旅游执法力度；加强旅游安全管理和救助等。

问题

1. 实施四川省旅游形象推广战略的主体是谁？有何依据？实施过程中可采用哪些途径？
2. 科学编制旅游发展规划要注意哪些问题？

评析

1. 实施四川省旅游形象推广战略的主体是四川省人民政府。依据《旅游法》第二十五条规定，"国家制定并实施旅游形象推广战略。国务院旅游主管部门统筹组织国家旅游形象的境外推广工作，建立旅游形象推广机构和网络，开展旅游国际合作与交流。县级以上地方人民政府统筹组织本地的旅游形象推广工作。"实施过程中可采用的途径包括：①规划与制定整体推广战略；②牵头组织旅游目的地标志性节庆活动；③有效管理旅游目的地形象要素体系；④提供宣传推广经费的保障。

2. 第一，明确组织编制旅游发展规划的主体是地方人民政府，即四川省人民政府。由于旅游业是综合性产业，涉及面广，在编制过程中，政府要组织旅游、规划、园林、文化等多个部门参与，共同合作完成。

第二，旅游发展规划的内容应当包括旅游业发展的总体要求和发展目标，旅游资源保护和利用的要求和措施，以及旅游产品开发、旅游服务质量提升、旅游文化建设、旅游形象推广、旅游基础设施和公共服务设施建设的要求和促进措施等。针对重点旅游资源，县级以上地方人民政府可编制专项规划。

第三，要严格按照《旅游法》与《旅游发展规划管理办法》的相关规定，确保旅游发展规划的论证、批准、实施、评估等环节的开展。

第四，在编制过程中要注意旅游发展规划与土地利用总体规划，城乡规划，环境保护规划，自然资源、文物等保护和利用规划之间的衔接。

第四章

旅游资源管理与保护法律制度

本章提要

旅游资源是旅游业发展的前提和基础,是现代旅游业不可或缺的三大要素之一。要实现旅游的可持续发展,就必须用法治手段管理好、利用好、保护好旅游资源。旅游资源管理与保护法是调整人们在旅游资源开发、利用、管理和保护过程中所发生的各种社会关系的法律规范的总称,一般包括风景名胜区、文物、自然保护区、海滩、野生动植物资源等方面的管理、保护的法律、法规。通过学习本章,应了解和掌握我国旅游资源管理与保护的法律、法规及政策。

学习重点

- 旅游资源及开发和保护;
- 旅游景区概念;
- 景区开放管理;
- 景区经营管理;
- 文物资源保护法律制度;
- 风景名胜区法律制度;
- 旅游区(点)质量等级划分与评定。

我国幅员辽阔,蕴含着丰富的人文资源和自然资源,为我国旅游业的发展提供了优越的自然条件。为保障旅游资源的可持续利用,使对旅游资源的保护和管理有法可依、有章可循,我国制定了相应的法律、法规和规章,主要包括《旅游法》、《文物保护法》、《自然区保护区条例》、《风景名胜区条例》、《历史文化名城名镇名村保护条例》等法律、法规,《旅游资源保护暂行办法》等规章,以及《旅游区(点)质量等级的划分与评定》等国家标准。此外,各地方也结合各自特点制定了一些地方性法规,如《杭州之江国家旅游度假区条例》、《杭州西溪国家湿地公园保护条例》等。这些法律、法规、国家标准的出台,对规范旅游资源保护、开发、利用,进一步保护和合理利用风景名胜区资源,促进经济社会生态的和谐发展,具有十分重要的意义。

第一节 旅游资源及其管理与保护

一、旅游资源的概念

根据国家旅游局《旅游资源保护暂行办法》第二条的规定,旅游资源是指自然界和人类社会凡能对旅游者产生吸引力,可以为旅游业合理利用,并可产生经济效益、社会效益和生态效益的各种事物和因素。包括已开发的各类自然遗产、文化遗产、地质、森林、风景名胜、水利、文物、城市公园、科教、工农业、湿地、海岛、海洋等各类旅游资源,也包括未开发的具有旅游利用价值的各种物质和非物质资源。

二、旅游资源的构成条件与特征[①]

一般来说,构成旅游资源必须具备两个条件:一是对旅游者来说具有游览和使用价值;二是对旅游业来说具有经济价值。

旅游资源的基本特征如下:

第一,多样性。旅游资源品种繁多,类型复杂,形态多样。

第二,独特性。形态独特,珍奇,稀少。

第三,地域性。在空间分布上,旅游资源的形成与地理环境有内在联系。

第四,持续性。大部分旅游资源具有可持续利用的价值。

第五,社会性。文化旅游资源通常都与人类互动密切相关。

第六,休闲性。旅游资源具有度假、疗养、娱乐、消遣作用。

三、旅游资源的类型

广义地说,凡是可以吸引旅游者的一切资源,都可以纳入旅游资源的范畴。狭义地分,它包括自然旅游资源和人文旅游资源。

所谓自然旅游资源,又称自然风景旅游资源,指能使人们产生美感或兴趣的、由各种地理环境或生物构成的自然景观。它们通常是在某种主导因素的作用和其他因素的参与下,经长期的发育演变而形成。根据《中国旅游资源普查规范》,自然旅游资源分为四大类,即地貌景观类、水域风光类、天气气象类和生物景观类。

所谓人文旅游资源,是人类创造的,反映各时代、各民族政治、经济、文化和社会风俗民情状况,具有旅游功能的事物和因素。根据《中国旅游资源普查规范》,它分为三大类,即古迹与建筑类、消闲求知健身类(包括科教文化设施、疗养和福利设施、动物园、植物园、公园、体育场馆、游乐场所、节庆活动、文艺团体等)和购物类(包括市场与购物中心、著名店铺、地方产品等)。

四、旅游资源保护的意义、法制环境及主要内容[②]

(一)旅游资源保护的意义

旅游资源是旅游者进行旅游活动的基础和前提条件,是旅游业发展的基础。而保护旅游资源是旅游资源开发和旅游业可持续发展的前提与保障,意义十分重大。现实中发生的因旅游资源被破坏而导致旅游业衰退乃至消亡的教训,也从反面证明只有保护好、利用好旅游资源,才能促进和保障旅游业的健康发展,满足旅游者的消费需要。

(二)旅游资源管理与保护的法制环境

我国十分重视旅游资源的保护,制定和颁布了一系列法律、法规。主要有:《旅游法》、《风景名胜区条例》、《自然保护区条例》、《文物保护法》、《历史文化名城名镇名村保护条例》、《旅游资源保护暂行办法》等。此外,《环境保护法》、《森林法》、《草原法》、《海洋环境保护法》、《水

---

① 田勇.旅游政策与法规.上海:上海人民出版社,2010:101-102.
② 田勇.旅游政策与法规.上海:上海人民出版社,2010:103.

法》《水污染防治法》等,也对旅游资源保护做了相应规定。

(三)旅游资源管理与保护的主要内容

总的来看,旅游资源管理与保护的主要内容如下:

第一,规定旅游资源的保护范围。

第二,规定旅游资源管理机构的职权和任务。

第三,确定旅游资源开发、利用和保护的原则。

第四,规定各级旅游资源主管机关和旅游者的义务。

第五,规定相关的法律责任。

我国旅游资源开发的问题

我国旅游资源开发中存在的主要问题是:水体污染、植被破坏、建筑违章、空气和噪声污染、文物古迹破坏以及野生动植物生存威胁。① 法治不健全、开发过度以及游客意识不到位是主要原因。为此,应重点加强以下工作:第一,加快推进旅游资源保护的立法工作,主要是针对和破除部门保护主义和地方保护主义,打破条块分割;第二,在理念上,要强调保护和可持续的概念;第三,在参与主体上,建立科学合理的参与机制;第四,在保护范围上应进一步拓宽覆盖面。②

第二节 旅游资源管理与保护的主要法律制度

一、《旅游法》对旅游景区的规定

市场经济的飞速发展推动了旅游景区行业的提升发展,《旅游法》对景区开业、经营管理和安全等方面作了一些规定,积极引导行业朝着服务精细化、功能多样化、景观生态化、管理信息化的方向发展。

(一)景区概念

《旅游法》第一百一十一条第二款规定,"景区,是指为旅游者提供游览服务、有明确的管理界限的场所或者区域。"依据《旅游景区质量等级的划分与评定》(GB/T 17775—2003)中的界定,旅游景区是以旅游及其相关活动为主要功能或主要功能之一的空间或地域。包括风景区、文博院馆、寺庙观堂、旅游度假区、自然保护区、主题公园、森林公园、地质公园、游乐园、动物园、植物园及工业、农业、经贸、科教、军事、体育、文化艺术等各类旅游景区。

(二)景区开放管理

景区开放应当具备下列条件,并听取旅游主管部门的意见。

一是有必要的旅游配套服务和辅助设施。

---

① 田勇. 旅游政策与法规. 上海:上海人民出版社,2010:102.
② 魏小安. 旅游政策与法规. 北京:北京师范大学出版社,2009:242-243.

二是有必要的安全设施及制度,经过安全风险评估,满足安全条件。

三是有必要的环境保护设施和生态保护措施。

四是法律、行政法规规定的其他条件。

(三)景区价格管理

1. 政府定价或指导价

利用公共资源建设的景区的门票以及景区内的游览场所、交通工具等的收费,实行政府定价或者政府指导价,严格控制价格上涨。拟提高价格的,应当举行听证会,征求旅游者、经营者和有关方面的意见,论证其必要性、可行性。利用公共资源建设的景区,不得通过增加另行收费项目等方式变相涨价;另行收费项目已收回投资成本的,应该相应降低价格或者取消收费。公益性的城市公园、博物馆、纪念馆等,除重点文物保护单位和珍贵文物收藏单位外,应当逐步免费开放。

2. 价格与收费管理

在醒目位置公示门票价格、另行收费项目的价格及团体收费价格。景区提高门票价格应当提前六个月公布。将不同景区的门票或者同一景区内不同游览场所的门票合并出售的,合并后的价格不得高于各单项门票的价格之和,且旅游者有权选择购买其中的单项票。景区内的核心游览项目因故暂停向旅游者开放或者停止提供服务的,应当公示并相应减少收费。

(四)景区经营管理

1. 总体要求

对自然资源、文物等人文资源进行旅游利用,必须严格遵守有关法律、法规的规定,符合资源、生态保护和文物安全的要求,尊重和维护当地传统文化和习俗,维护资源的区域整体性、文化代表性和地域特殊性,并考虑军事设施保护的需要。有关主管部门应当加强对资源保护和旅游利用状况的监督检查。

2. 容量控制

景区接待旅游者不得超过景区主管部门核定的最大承载量。景区应当公布景区主管部门核定的最大承载量,制订和实施旅游者流量控制方案,并可以采取门票预约等方式,对景区接待旅游者的数量进行控制。旅游者数量可能达到最大承载量时,景区应当提前公告并同时向当地人民政府报告,景区和当地人民政府应当及时采取疏导、分流等措施。

3. 高风险旅游项目管理

经营高空、高速、水上、潜水、探险等高风险旅游项目,应当按照国家有关规定取得经营许可。

4. 景区经营者的民事法律责任

景区、住宿经营者将部分经营项目或者场地交由他人从事住宿、餐饮、购物、游览、娱乐、旅游交通等经营的,应当对实际经营者的经营行为给旅游者造成的损害承担连带责任。

5. 景区经营者的行政法律责任

景区不符合本法规定的开放条件而接待旅游者的,由景区主管部门责令停业整顿直至符合开放条件,并处二万元以上二十万元以下的罚款。景区在旅游者数量可能达到最大承载量时,未及时采取疏导、分流等措施,或者超过最大承载量接待旅游者的,由景区主管部门责令改正,情节严重的,责令停业整顿一个月至六个月。景区擅自提高门票或者另行收费项目的价格,或者有其他价格违法行为的,由有关主管部门依照有关法律、法规的规定处罚。

二、《风景名胜区条例》

《风景名胜区条例》是国务院于2006年颁布的行政法规,是我国专门针对风景名胜区的管理法规。其主要内容如下。

(一)风景名胜区概念

风景名胜区是指具有观赏、文化或者科学价值,自然景观、人文景观比较集中,环境优美,可供人们游览或者进行科学、文化活动的区域。

风景名胜区必须具备三个条件:①有观赏、文化或科学价值;②自然景观、人文景观比较集中;③人们游览、休息和进行科学文化活动。

(二)风景名胜区设立与等级划分

1. 风景名胜区的划分

按照《风景名胜区条例》的规定,按其景物的观赏、文化、科学价值和环境质量,规模大小,游览条件,我国的风景名胜区可以划分为省级风景名胜区和国家级重点风景名胜区。

2. 风景名胜区的利用、管理

(1)基本原则

风景名胜区的利用、管理应遵循科学规划、统一管理、严格保护、永续利用的原则。

(2)管理部门

国务院建设主管部门负责全国风景名胜区的监督管理工作。国务院其他有关部门按照国务院规定的职责分工,负责风景名胜区的有关监督管理工作。省、自治区、直辖市人民政府其他有关部门按照规定的职责分工,负责风景名胜区的有关监督管理工作。

(3)管理内容

第一,风景名胜区管理机构应当根据风景名胜区规划,合理利用风景名胜资源,改善交通、服务设施和游览条件。风景名胜区管理机构应当在风景名胜区内设置风景名胜区标志、路标和安全警示等标牌。第二,风景名胜区管理机构应当建立健全安全保障制度,加强安全管理,保障游览安全,并督促风景名胜区内的经营单位接受有关部门依据法律、法规进行的监督检查。禁止超过允许容量接纳游客和在没有安全保障的区域开展游览活动。第三,风景名胜区的门票收入和风景名胜资源有偿使用费,实行收支两条线管理。风景名胜区的门票收入和风景名胜资源有偿使用费应当专门用于风景名胜资源的保护和管理以及风景名胜区内财产的所有权人、使用权人损失的补偿。具体管理办法由国务院财政部门、价格主管部门会同国务院建设主管部门等有关部门制定。第四,风景名胜区管理机构不得从事以营利为目的的经营活动,不得将规划、管理和监督等行政管理职能委托给企业或者个人行使。风景名胜区管理机构的工作人员,不得在风景名胜区内的企业兼职。

3. 风景名胜区的保护

《风景名胜区条例》规定,风景名胜区内的一切景观和自然环境,必须严格保护,不得破坏

或随意改变。其主要内容如下:

(1) 风景名胜区内的景观和自然环境,应当根据可持续发展的原则,严格保护,不得破坏或者随意改变。风景名胜区管理机构应当建立健全风景名胜资源保护的各项管理制度。风景名胜区内的居民和游览者应当保护风景名胜区的景物、水体、林草植被、野生动物和各项设施。

(2) 风景名胜区管理机构应当对风景名胜区内的重要景观进行调查、鉴定,并制定相应的保护措施。

(3) 风景名胜区内禁止进行下列活动:①开山、采石、开矿、开荒、修坟立碑等破坏景观、植被和地形地貌的活动;②修建储存爆炸性、易燃性、放射性、毒害性、腐蚀性物品的设施;③在景物或者设施上刻画、涂污;④乱扔垃圾。

(4) 禁止违反风景名胜区规划,在风景名胜区内设立各类开发区和在核心景区内建设宾馆、招待所、培训中心、疗养院以及与风景名胜资源保护无关的其他建筑物;已经建设的,应当按照风景名胜区规划,逐步迁出。

(5) 在国家级风景名胜区内修建缆车、索道等重大建设工程,项目的选址方案应当报国务院建设主管部门核准。

(6) 在风景名胜区内进行下列活动,应当经风景名胜区管理机构审核后,依照有关法律、法规的规定报有关主管部门批准:①设置、张贴商业广告;②举办大型游乐等活动;③改变水资源、水环境自然状态的活动;④其他影响生态和景观的活动。

(7) 风景名胜区内的建设项目应当符合风景名胜区规划,并与景观相协调,不得破坏景观、污染环境、妨碍游览。在风景名胜区内进行建设活动的,建设单位、施工单位应当制定污染防治和水土保持方案,并采取有效措施,保护好周围景物、水体、林草植被、野生动物资源和地形地貌。

4. 法律责任

《风景名胜区条例》规定了相关行政法律责任,包括:由风景名胜区管理机构责令停止违法行为、恢复原状或者限期拆除,没收违法所得,并处罚款,对直接负责的主管人员和其他直接责任人员依法给予降级或者撤职的处分;构成犯罪的,依法追究刑事责任。

三、《文物保护法》

我国《宪法》第二十二条第二款规定,"国家保护名胜古迹、珍贵文物和其他重要历史文化遗产。"以宪法的形式明确了国家保护文物的职责。1982年11月19日,第五届全国人民代表大会常务委员会第二十五次会议通过的《中华人民共和国文物保护法》是新中国成立以来最完整的一部文物保护法,对于我国文物保护工作起到了极大的推动作用。下面依据《文物保护法》,对文物保护的相关法律制度做一介绍。

(一) 文物的含义与意义

文物是人类在自身发展过程中遗留下来的遗物或遗迹。它具有两个基本特征:一是必须由人类创造的,或者是与人类活动有关的;二是必须是已经成为历史的过去,不可能再重新创造的。文物具有六个特征:物质性、时代性、不可再生性、不可替代性、客观性和永续性。

文物保护具有重要意义,体现在以下方面。

(1) 文物保护有利于维护民族团结和国家统一。

(2) 文物保护有利于进行爱国主义教育。

(3) 文物保护有利于历史文化研究,是现代科技文化创新、发展的依据。
(4) 历史文物是道德教育的教材,对加强德育教育具有重要意义。
(5) 文物保护可以促进我国与世界各国的文化交流和友好关系的发展。

(二) 文物保护的范围

根据《文物保护法》第二条的规定,在中华人民共和国境内,下列文物受国家保护。
(1) 具有历史、艺术、科学价值的古文化遗址、古墓葬、古建筑、石窟寺和石刻、壁画。
(2) 与重大历史事件、革命运动或者著名人物有关的以及具有重要纪念意义、教育意义或者史料价值的近代现代重要史迹、实物、代表性建筑。
(3) 历史上各时代珍贵的艺术品、工艺美术品。
(4) 历史上各时代重要的文献资料以及具有历史、艺术、科学价值的手稿和图书资料等。
(5) 反映历史上各时代、各民族社会制度、社会生产、社会生活的代表性实物。
具有科学价值的古脊椎动物化石和古人类化石同文物一样受国家保护。

(三) 文物保护的原则

《文物保护法》第四条规定,"文物工作贯彻保护为主、抢救第一、合理利用、加强管理的方针。"

所谓保护为主,就是要把文物保护作为整个文物工作的中心任务;所谓抢救第一,就是把抢救文物放在首要位置;所谓合理利用,强调的是要在确保文物安全的前提下,正确发挥文物在经济和社会发展中的作用;所谓加强管理,则是实现文物有效保护和合理利用的基本保障。这个方针正确处理了文物保护与利用的关系,全面、完整、准确地反映了文物工作的本质属性和规律。

《文物保护法》第九条规定,"各级人民政府应当重视文物保护,正确处理经济建设、社会发展与文物保护的关系,确保文物安全。基本建设、旅游发展必须遵守文物保护工作的方针,其活动不得对文物造成损害。"

(四) 文物所有权

(1) 中华人民共和国境内地下、内水和领海中遗存的一切文物,属于国家所有。
(2) 古文化遗址、古墓葬、石窟寺属于国家所有。国家指定保护的纪念建筑物、古建筑、石刻、壁画、近代现代代表性建筑等不可移动文物,除国家另有规定的以外,属于国家所有。
(3) 国有不可移动文物的所有权不因其所依附的土地所有权或者使用权的改变而改变。
(4) 下列可移动文物,属于国家所有。
① 中国境内出土的文物,国家另有规定的除外。
② 国有文物收藏单位以及其他国家机关、部队和国有企业、事业组织等收藏、保管的文物。
③ 国家征集、购买的文物。
④ 公民、法人和其他组织捐赠给国家的文物。
⑤ 法律规定属于国家所有的其他文物。
属于国家所有的可移动文物的所有权不因其保管、收藏单位的终止或者变更而改变。
国有文物所有权受法律保护,不容侵犯。

(5) 属于集体所有和私人所有的纪念建筑物、古建筑和祖传文物以及依法取得的其他文物,其所有权受法律保护。文物的所有者必须遵守国家有关文物保护的法律、法规的规定。

(五) 文物保护经费

《文物保护法》规范和加强了文物保护的经费来源保障,如规定县级以上人民政府应当将文物保护事业纳入本级国民经济和社会发展规划,纳入本级财政预算,文物保护的财政经费应当随着财政收入的增长而增加;规定了文物单位事业收入的用途;规定了社会力量用于文物保护的途径等。

(六) 历史文化街区、村镇的保护

《文物保护法》将历史文化街区、村镇纳入保护范围,增加了历史文化街区、村镇保护制度。

(七) 不可移动文物保护

《文物保护法》明确规定国有不可移动文物不得转让、抵押;建立博物馆、保管所或者辟为参观游览场所的国有文物保护单位,不得作为企业资产经营等。

(八) 考古发掘制度

《文物保护法》明确了考古发掘的行政审批权,规定了行政审批前的咨询程序和范围。

(九) 馆藏文物管理

《文物保护法》明确规定文物收藏单位应建立健全管理制度,未经批准,任何单位和个人不得调取馆藏文物;规定了文物收藏单位法定代表人的职责;扩大了国有文物收藏单位的交流渠道,规定了交流的程序;规定了依法调拨、交换、借用国有馆藏文物,取得方可以对提供方给予合理补偿;规定了文物收藏单位的安全制度等。

(十) 民间文物收藏管理

《文物保护法》规定了民间收藏活动的合法途径;同时对公民、法人和其他组织禁止买卖的文物也作了明确规定。

(十一) 文物出入境管理制度

对文物的出境、入境、出境展览、临时入境和复出境等,都作出了相应的规定。

(十二) 法律责任制度

《文物管理法》对法律责任做了规定,细化了行政法律责任,完善了与《刑法》的衔接。

延伸阅读

非物质文化遗产的保护

加强文物保护对一个民族、国家的重要性越来越突出,对保持文化多样性的重要性越来越显著。联合国先后制定了若干有关遗产保护的国际公约,如《保护世界文化和自然遗产公约》等。20世纪80年代以来,非物质文化遗产的保护又成为文化遗产保护的重要内容,这些都充分反映出国际上对文化遗产保护认知的不断深化和保护力度的不断增强。2006年,文化部颁布《国家非物质遗产保护与管理暂行办法》,针对列入国务院批准公布的国家级非物质文化遗产名录中的所有非物质文化遗产项目,实行"保护为主,抢救第一,合理利用,传承发展"的方针,坚持真实性和整体性的保护原则。

第三节 旅游区(点)质量等级的划分与评定

《旅游区(点)质量等级的划分与评定》(GB/T 17775—1999)于1999年6月14日发布,10月1日开始实施。2002年年底国家旅游局对该标准进行了修订,并于2003年2月24日颁布《旅游区(点)质量等级的划分与评定》(GB/T 17775—2003)。该标准在我国服务领域,甚至在国际上对旅游景区管理的理论研究具有较强的创新性,在行为导向上具有积极的指导意义。该标准规定了旅游景区质量等级划分的依据、条件及评定的基本要求。对旅游景区的规划和建设、服务质量和环境质量提升、完善景区自身内部管理、提高游客对景区的满意度等,均具有重要意义。

一、旅游景区质量等级及标志

(1) 旅游景区质量等级划分为五级,从高到低依次为5A、4A、3A、2A、1A级旅游景区。

(2) 旅游景区质量等级的标牌、证书由全国旅游景区质量等级评定机构统一规定。

(3) 根据旅游景区质量等级划分条件确定旅游景区质量等级。划分按照《服务质量与环境质量评分细则》、《景观质量评分细则》的评价得分,并结合《游客意见评分细则》的得分综合进行。

(4) 各等级景区需达到的分数条件如表4-1所示。

表4-1 各等级景区需达到的分数条件

等级	细则一	细则二	细则三
5A	950分	90分	90分
4A	850分	80分	80分
3A	750分	70分	70分
2A	600分	60分	60分
1A	500分	50分	50分

二、等级评定的范围、组织、权限与程序

(一) 旅游区(点)的评定范围

接待海内外旅游者的各种类型的旅游区(点),包括以自然景观及人文景观为主的旅游区(点)。

(二) 等级评定的组织

旅游景区质量等级评定按国家和地方两级进行。国务院旅游行政主管部门组织设立全国旅游景区质量等级评定委员会,负责全国旅游景区质量等级评定工作的组织和实施,授权并督导省级及以下旅游景区质量等级评定机构开展评定工作。

各省、自治区、直辖市人民政府旅游行政主管部门组织设立本地区旅游景区质量等级评定委员会,按照全国旅游景区质量等级评定委员会授权,负责本行政区域内旅游景区质量等级评定工作的组织和实施。

(三) 等级评定的权限

3A级及以下等级旅游景区由全国旅游景区质量等级评定委员会授权各省级旅游景区质量等级评定委员会负责评定,省级旅游景区评定委员会可向条件成熟的地市级旅游景区评定委员会再行授权。4A级旅游景区由省级旅游景区质量等级评定委员会推荐,全国旅游景区质量等级评定委员会组织评定。5A级旅游景区从4A级旅游景区中产生。被公告为4A三年以上的旅游景区可申报5A级旅游景区。5A级旅游景区由省级旅游景区质量等级评定委员会推荐,全国旅游景区质量等级评定委员会组织评定。

(四) 评定程序

(1) 申报3A级及以下等级的旅游景区,由所在地旅游景区评定机构逐级提交评定申请报告、《旅游景区质量等级评定报告书》和创建资料。创建资料包括景区创建工作汇报、服务质量、环境质量、景区资源价值和市场价值具体达标说明和图片。省级或经授权的地市级旅游景区评定机构组织评定,对达标景区直接对外公告,颁发证书和标牌,并报全国旅游景区质量等级评定委员会备案。

(2) 申报4A级的旅游景区,由所在地旅游景区评定机构逐级提交申请、《旅游景区质量等级评定报告书》和创建资料,省级旅游景区评定机构组织初评。初评合格的景区,由省级旅游景区评定机构向全国旅游景区质量等级评定委员会提交推荐意见,全国旅游景区质量等级评定委员会通过明查、暗访等方式进行检查,对达标景区对外公告,颁发证书和标牌。

(3) 申报5A级的旅游景区,由所在地旅游景区评定机构逐级提交申报报告、《旅游景区质量等级评定报告书》和创建资料(含电子版),省级旅游景区评定机构组织初评。初评合格的景区,由省级旅游景区评定机构向全国旅游景区质量等级评定委员会提交推荐意见。

本 章 练 习

思考题

1. 旅游景区开放设立需要具备哪些法定条件?
2. 试述风景名胜区与旅游景区的异同。
3. 《旅游法》对景区流量管理是怎样规定的?
4. 旅游景区内部分经营项目转包行为的法律责任如何承担?
5. 风景名胜区内禁止从事哪些行为?
6. 国家旅游景区评定标准对景区等级及评定组织权限是如何规定的?
7. 文物保护分哪几种类型?

案例分析

2013年8月,徐律师携家人前往莫干山景区游玩时,与景区保安对门票上游玩的有效时限产生争议,徐律师表示因为山上酒店客满,他不得已当日住在山下的酒店,次日上山时却被告知门票作废了。景区工作人员则表示,门票上明确写明"景区内三日有效",但徐律师未做登记自己下山,门票已经检票使用过,该三张门票自动作废。事后莫干山管理局相关职能部门负责人向徐律师表示歉意,愿意退还门票款,并邀请徐律师再次免费参观游览莫干山,徐律师并不接受。双方就纠纷未能达成一致,10月9日徐律师一纸诉状诉到德清县人民法院。这起民事纠纷在2014年3月10日经过法庭调解,浙江省莫干山景区管理局退还徐律师门票费用240元,同时,对于事件本身,徐律师表示谅解,并承担了本次诉讼费用。

问题

1. 原告徐律师和被告莫干山景区管理局争议的焦点在哪里?
2. 景区在门票规范管理方面需要做哪些工作?

评析

1. 这是一起典型的对景区门票规定有歧义的案子,焦点在于门票写的"三天内有效"怎样理解,是三天内一直有效、循环使用,还是三天时间内使用一次有效。实质是景区与游客的权利义务争议。

2. 结合《旅游法》第四十三条、第四十四条之规定,景区应进一步规范景区门票管理,并重点把握好以下几个方面:一要进一步明确规定提供服务的内容,不要造成理解上的混淆;二要进一步规范景区票务系统管理,实行数字化管控,提升景区信息化水平;三要科学控制景区流量和承载量,实施旅游者流量控制或门票预约,接近日均最大容量或瞬间最大容量时及时向社会公告,并向景区管理部门和当地政府报告。

第五章

旅行社法律制度

本章提要

旅行社被称为旅游行业的龙头,是旅游产业链上各类旅游资源的集成者,也是整部《旅游法》涉及条文最多的部分。本章系统介绍了旅行社经营许可及设立制度、旅行社的旅游服务质量保证金制度、旅行社责任保险制度、旅行社经营规范制度等内容,并对旅行社违反相关规定的法律责任做了具体介绍。

学习重点

- 旅行社设立的条件;
- 出境旅游经营许可的条件;
- 旅游服务质量保证金的用途;
- 旅行社责任保险的赔偿范围;
- 旅行社安排购物和自费项目的法律要求。

旅行社是指从事招徕、组织、接待旅游者等活动,为旅游者提供相关旅游服务,开展境内旅游、入境旅游或者出境旅游等旅游业务的企业法人。在组织形式上,旅行社作为企业法人,一般表现为有限责任公司或股份有限公司。在业务形式上,旅行社可以从事招徕旅游者,组织旅游者出游,为旅游者提供接待服务等。在业务范围上,包括境内游、入境游、出境游、边境游等旅游业务。

旅行社的主要法律规定是《旅游法》和《旅行社条例》,此外,还包括《中国公民出国旅游管理办法》、《边境旅游暂行管理办法》、《大陆居民赴台湾地区旅游管理办法》等法律规范。

《旅游法》主要在第四章"旅游经营"中对旅行社的经营规范和管理制度做出了规定。该章对旅行社设立、旅行社业务范围、旅行社经营许可、旅行社经营规范、旅行社责任保险、旅行社服务质量保证金等一系列问题作出了规定。

《旅行社条例》作为行政法规,是《旅游法》的下位法,其与《旅游法》不冲突的条款继续有效,与《旅游法》冲突的、不一致的无效。

第一节 旅行社设立

一、旅行社设立条件

设立旅行社,招徕、组织、接待旅游者,为其提供旅游服务,应当具备下列条件。

(1)有固定的经营场所。申请者拥有产权的营业用房,或者申请者租用的、租期不少于1年的营业用房;营业用房应当满足申请者业务经营的需要。

(2)有必要的营业设施,包括2部以上的直线固定电话;传真机、复印机;具备与旅游行政管理部门及其他旅游经营者联网条件的计算机。

(3) 有符合规定的注册资本。要求有不少于30万元的注册资本。

(4) 有必要的经营管理人员和导游。"必要的经营管理人员"是指具有旅行社从业经历或者相关专业经历的经理人员和计调人员;"必要的导游"是指有不低于旅行社在职员工总数20%且不少于3名、与旅行社签订固定期限或者无固定期限劳动合同的持有导游证的导游。

2013年10月1日前已取得旅行社业务经营许可证的旅行社,在2014年10月1日前,应当具备上述《旅游法》规定的相应许可条件。

(5) 法律、行政法规规定的其他条件。

二、旅行社业务范围

根据《旅游法》第二十九条,旅行社可以经营下列业务:境内旅游、出境旅游、边境旅游、入境旅游、其他旅游业务。

(1) 境内旅游业务是指旅行社招徕、组织和接待中国内地居民在境内旅游的业务。

(2) 出境旅游业务是指旅行社招徕、组织、接待中国内地居民出国旅游,赴香港特别行政区、澳门特别行政区和台湾地区旅游,以及招徕、组织、接待在中国内地的外国人、在内地的香港特别行政区、澳门特别行政区居民和在大陆的台湾地区居民出境旅游的业务。

(3) 边境旅游业务是指经批准的旅行社组织和接待我国及毗邻国家的公民,集体从指定的边境口岸出入境,在双方政府商定的区域和期限内进行的旅游活动。

(4) 入境旅游业务是指旅行社招徕、组织、接待外国旅游者来我国旅游,香港特别行政区、澳门特别行政区旅游者来内地旅游,台湾地区居民来大陆旅游,以及招徕、组织、接待在中国内地的外国人,在内地的香港特别行政区、澳门特别行政区居民和在大陆的台湾地区居民在境内旅游的业务。

(5) 其他旅游业务,包括提供旅游咨询、旅游活动设计服务;还可以接受委托,代办会务、代订交通客票、代订住宿和代办出境、入境、签证手续等。其中出境、签证手续等服务,应当由具备出境旅游业务经营权的旅行社代办。

三、旅行社设立许可

设立旅行社须取得旅游主管部门的许可,并依法办理工商登记。经营境内旅游业务和入境旅游业务的,应当向所在地省、自治区、直辖市旅游行政管理部门或者其委托的设区的市级旅游行政管理部门提出申请,并提交符合设立条件的相关证明文件。受理申请的旅游行政管理部门应当自受理申请之日起20个工作日内作出许可或者不予许可的决定。予以许可的,向申请人颁发旅行社业务经营许可证,申请人持旅行社业务经营许可证向工商行政管理部门办理设立登记;不予许可的,书面通知申请人并说明理由。

旅行社取得经营许可满两年,且未因侵害旅游者合法权益受到行政机关罚款以上处罚的,可以申请经营出境旅游业务。

旅行社申请经营边境旅游,须向国家旅游局提出,由国家旅游局审核批准。

旅行社不得出租、出借旅行社业务经营许可证,或者以其他形式非法转让旅行社业务经营许可。

四、外商投资旅行社的设立

外商投资旅行社包括中外合资经营旅行社、中外合作经营旅行社和外资旅行社。

设立外商投资旅行社,由投资者向国务院旅游行政主管部门提出申请,并提交符合设立条件的相关证明文件。国务院旅游行政主管部门应当自受理申请之日起30个工作日内审查完毕。同意设立的,出具外商投资旅行社业务许可审定意见书;不同意设立的,书面通知申请人并说明理由。

申请人持外商投资旅行社业务许可审定意见书、章程,合资、合作双方签订的合同向国务院商务主管部门提出设立外商投资企业的申请。国务院商务主管部门应当依照有关法律、法规的规定,作出批准或者不予批准的决定。予以批准的,颁发外商投资企业批准证书,并通知申请人向国务院旅游行政主管部门领取旅行社业务经营许可证,申请人持旅行社业务经营许可证和外商投资企业批准证书向工商行政管理部门办理设立登记;不予批准的,书面通知申请人并说明理由。

外商投资旅行社不得经营中国内地居民出境旅游的业务,但是国务院决定或者我国签署的自由贸易协定和内地与香港、澳门关于建立更紧密经贸关系的安排另有规定的除外。

旅行社未经批准,不得引进外商投资。

五、分支机构的设立

(一)分社设立

旅行社设立分社的,应当持旅行社业务经营许可证副本向分社所在地的工商行政管理部门办理设立登记,并自设立登记之日起3个工作日内向分社所在地的旅游行政管理部门备案。分社的名称中应当包含设立社名称、分社所在地地名和"分社"或者"分公司"字样。

旅行社分社的设立不受地域限制。分社的经营范围不得超出设立分社的旅行社的经营范围。

(二)服务网点设立

服务网点是指旅行社设立的,为旅行社招徕旅游者,并以旅行社的名义与旅游者签订旅游合同的门市部等机构。服务网点应当接受旅行社的统一管理,不得从事招徕、咨询以外的活动。

旅行社设立服务网点应当依法向工商行政管理部门办理设立登记手续,并向所在地的旅游行政管理部门备案。设立服务网点的区域范围,应当在设立社所在地的设区的市的行政区划内,不得在该区域范围外,设立服务网点。

设立社向服务网点所在地工商行政管理部门办理服务网点设立登记后,应当在3个工作日内,向服务网点所在地与工商登记同级的旅游行政管理部门备案。

分社及服务网点不具有法人资格,以设立分社、服务网点的旅行社的名义从事法律规定的经营活动,其经营活动的责任和后果,由设立社承担。

旅行社及其分社、服务网点,应当将《旅行社业务经营许可证》《旅行社分社备案登记证明》或者《旅行社服务网点备案登记证明》,与营业执照一起,悬挂在经营场所的显著位置。

通过网络经营旅行社业务的,应当依法取得旅行社业务经营许可,并在其网站主页的显著位置标明其业务经营许可证信息。

旅行社设立的办事处、代表处或者联络处等办事机构,不得从事旅行社业务经营活动。

六、法律责任

旅行社违反规定,未经许可经营旅行社业务的,由旅游主管部门或者工商行政管理部门责令改正,没收违法所得,并处一万元以上十万元以下罚款;违法所得十万元以上的,并处违法所得一倍以上五倍以下罚款;对有关责任人员,处二千元以上二万元以下罚款。

旅行社违反规定,未经许可经营出境游、边境游业务,或者出租、出借旅行社业务经营许可证,或者以其他方式非法转让旅行社业务经营许可的,除依照前段规定处罚外,并责令停业整顿;情节严重的,吊销旅行社业务经营许可证;对直接负责的主管人员,处二千元以上二万元以下罚款。

旅行社违反规定,擅自引进外商投资、设立服务网点未在规定期限内备案,或者旅行社及其分社、服务网点未悬挂旅行社业务经营许可证、备案登记证明的,由县级以上旅游行政管理部门责令改正,可以处一万元以下的罚款。

旅行社违反规定,服务网点超出设立社经营范围招徕旅游者、提供旅游咨询服务,或者旅行社的办事处、联络处、代表处等从事旅行社业务经营活动的,由县级以上旅游行政管理部门责令改正,没收违法所得,并处一万元以上十万元以下罚款;违法所得十万元以上的,并处违法所得一倍以上五倍以下罚款;对有关责任人员,处二千元以上二万元以下罚款。[①]

第二节 旅游服务质量保证金

旅游服务质量保证金(以下简称"保证金")是指根据《中华人民共和国旅游法》及《旅行社条例》的规定,由旅行社在指定银行缴存或由银行担保提供的一定数额用于旅游服务质量赔偿支付和团队旅游者人身安全遇有危险时紧急救助费用垫付的资金。

一、旅游服务质量保证金存入

旅行社应当自取得旅行社业务经营许可证之日起3个工作日内,在国家旅游局指定的银行开设专门的保证金账户,存入保证金,或者向作出许可的旅游行政管理部门提交依法取得的担保额度不低于相应保证金数额的银行担保。

旅行社在银行存入保证金的,应当设立独立账户,存期由旅行社确定,但不得少于1年。账户存期届满,旅行社应当及时办理续存手续。为防止保证金存单质押,银行应在存单上注明"专用存款不得质押"字样。

银行提出保证金担保的,由银行向许可的旅游行政主管部门出具《旅游服务质量保证金银行担保函》。银行担保期限不得少于一年。担保期限届满前3个工作日,应续办担保手续。

经营境内旅游业务和入境旅游业务的旅行社,应当存入保证金20万元;经营出境旅游业务的旅行社,应当增存保证金120万元。旅行社每设立一个经营境内旅游业务和入境旅游业

[①] 根据《旅行社条例实施细则》该超范围经营应当"由县级以上旅游行政管理部门依照《旅行社条例》第四十六条的规定处罚",但《旅行社条例》第四十六条与《旅游法》第九十五条不一致。据此,超范围经营行为应当按照《旅游法》第九十五条的规定处理。

务的分社,应当向其保证金账户增存 5 万元;每设立一个经营出境旅游业务的分社,应当向其保证金账户增存 30 万元。保证金的利息属于旅行社所有。

旅行社存入、续存、增存保证金后 7 个工作日内,应当向作出许可的旅游行政管理部门提交存入、续存、增存保证金的证明文件,以及旅行社与银行达成的使用保证金的协议。

旅行社自交纳或者补足保证金之日起三年内未因侵害旅游者合法权益受到行政机关罚款以上处罚的,旅游行政管理部门应当将旅行社保证金的交存数额降低 50%,并向社会公告。旅行社可凭省、自治区、直辖市旅游行政管理部门出具的凭证减少其保证金。旅行社依法减少保证金后,因侵害旅游者合法权益受到行政机关罚款以上处罚的,应当在收到旅游行政管理部门补交保证金的通知之日起 5 个工作日内补足减存部分。

二、旅游服务质量保证金的使用

(1) 旅游行政管理部门决定。旅行社违反旅游合同约定,侵害旅游者合法权益,经旅游行政管理部门查证属实的,旅行社因解散、破产或者其他原因造成旅游者预交旅游费用损失的,银行应根据旅游行政主管部门出具的《旅游服务质量保证金取款通知书》及《旅游行政主管部门划拨旅游服务质量保证金决定书》,经与旅游行政主管部门核实无误后,在 5 个工作日内将保证金以现金或转账方式直接向旅游者支付。

(2) 人民法院执行。人民法院判决、裁定及其他生效法律文书认定旅行社损害旅游者合法权益,旅行社拒绝或者无力赔偿的,人民法院可以从旅行社的质量保证金账户上划拨赔偿款。银行根据人民法院判决、裁定及其他生效法律文书执行。旅行社应当在收到旅游行政管理部门补交保证金的通知之日起 5 个工作日内补足减少部分。

(3) 旅行社申请。发生旅游者人身安全遇有危险时紧急救助费用垫付的情形,旅行社提出申请的,旅游行政主管部门应立即予以审核;旅游行政主管部门决定垫付的,需按实际所需确定垫付额度。申请额度和决定垫付额度均应在保证金账户现有额度内。银行根据旅游行政主管部门出具的《旅游服务质量保证金取款通知书》及《关于使用旅游服务质量保证金垫付旅游者人身安全遇有危险时紧急救助费用的决定书》后 24 小时内,经与旅游行政主管部门核实无误后,将保证金以现金或转账方式直接向《旅游服务质量保证金取款通知书》中确定的单位或账户提供。

采取银行担保形式的,在发生上述情况后,提供保证金担保的银行应当在收到相关通知或法律文书 5 个工作日内履行担保责任;因发生旅游者人身安全遇有危险时紧急救助费用垫付的情形,在收到相应通知的 24 小时内履行担保责任。

三、旅游服务质量保证金的取出

旅行社因解散或破产清算、业务变更或撤减分社减交、三年内未因侵害旅游者合法权益受到行政机关罚款以上处罚而降低保证金数额 50% 等原因,需要支取保证金时,须向许可的旅游行政主管部门提出,许可的旅游行政主管部门审核出具《旅游服务质量保证金取款通知书》。银行根据《旅游服务质量保证金取款通知书》,将相应数额的保证金退还给旅行社。

四、法律责任

旅行社未在规定期限内向其保证金账户存入、增存、补足质量保证金或者提交相应的银行担保的,由旅游行政管理部门责令改正;拒不改正的,吊销旅行社业务经营许可证。

第三节 旅行社责任保险

旅行社责任保险是指以旅行社因其组织的旅游活动对旅游者和受其委派并为旅游者提供服务的导游或者领队人员依法应当承担的赔偿责任为保险标的的保险。据此,旅行社责任保险的保险责任,应当包括旅行社在组织旅游活动中依法对旅游者的人身伤亡、财产损失承担的赔偿责任和依法对受旅行社委派并为旅游者提供服务的导游或者领队人员的人身伤亡承担的赔偿责任。具体包括下列情形。

(1) 因旅行社疏忽或过失应当承担赔偿责任的。
(2) 因发生意外事故旅行社应当承担赔偿责任的。
(3) 国家旅游局会同中国保险监督管理委员会(以下简称中国保监会)规定的其他情形。

一、责任险的投保

旅行社责任险作为法律规定的强制保险,是旅行社必须投保的。其直接目的在于确保旅行社对旅游者和导游、领队人员的赔偿能力,根本目的是保障旅游者和导游、领队人员的合法权益。旅行社可以依法自主投保,也可以有组织地统一投保。

旅行社投保旅行社责任保险的,应当与保险公司依法订立书面旅行社责任保险合同。签订合同时,双方应当依照《保险法》的有关规定履行告知和说明义务,保险公司不得强制旅行社投保其他商业保险。保险合同成立后,旅行社按照约定交付保险费。保险公司应当及时向旅行社签发保险单或者其他保险凭证,并在保险单或者其他保险凭证中载明当事人双方约定的合同内容,同时按照约定的时间开始承担保险责任。责任险的保险期间为1年,旅行社应当在保险合同期满前及时续保。

旅行社责任险的责任限额可以根据旅行社业务经营范围、经营规模、风险管控能力、当地经济社会发展水平和旅行社自身需要,由旅行社与保险公司协商确定,但每人人身伤亡责任限额不得低于20万元人民币。

保险合同成立后,除符合《保险法》规定的情形外,保险公司不得解除保险合同。旅行社要解除保险合同的,应当同时订立新的保险合同,并书面通知所在地县级以上旅游行政管理部门,但因旅行社业务经营许可证被依法吊销或注销而解除合同的除外。保险合同解除的,保险公司应当收回保险单,并书面通知旅行社所在地县级以上旅游行政管理部门。

旅行社的名称、法定代表人或者业务经营范围等重要事项变更时,应当及时通知保险公司。必要时应当依法办理保险合同变更手续。

二、责任险的理赔

旅行社组织的旅游活动中发生保险事故,旅行社或者受害的旅游者、导游、领队人员通知保险公司的,保险公司应当及时告知具体的赔偿程序等有关事项。旅行社按照保险合同请求保险公司赔偿保险金时,应当向保险公司提供其所能提供的与确认保险事故的性质、原因、损失程度等有关的证明和资料。旅行社对旅游者、导游或者领队人员应负的赔偿责任确定的,根据旅行社的请求,保险公司应当直接向受害的旅游者、导游或者领队人员赔偿保险金。旅行社怠于请求的,受害的旅游者、导游或者领队人员有权就其应获赔偿部分直接向保险公司请求赔偿保险金。

因抢救受伤人员需要保险公司先行赔偿保险金用于支付抢救费用的,保险公司在接到旅行社或者受害的旅游者、导游、领队人员通知后,经核对属于保险责任的,可以在责任限额内先向医疗机构支付必要的费用。

因第三者损害而造成保险事故的,保险公司自直接赔偿保险金或者先行支付抢救费用之日起,在赔偿、支付金额范围内代位行使对第三者请求赔偿的权利。旅行社以及受害的旅游者、导游或者领队人员应当向保险公司提供必要的文件和所知道的有关情况。

旅行社与保险公司对赔偿有争议的,可以按照双方的约定申请仲裁,或者依法向人民法院提起诉讼。

三、旅行社责任险与旅游意外伤害险

旅行社责任险与旅游意外伤害险都是旅游行业的重要险种,但两者是截然不同的保险。在投保人方面,旅行社是责任险的投保人,旅游者是旅游意外伤害险的投保人;在保险标的上,责任险是以旅行社责任作为保险标的,旅游意外伤害险是以旅游行程中的意外事故造成的旅游者的损失作为保险标的;在保险性质上,旅行社责任险属于强制保险,旅行社必须投保,旅游意外伤害险则不属于强制性,由旅游者自愿投保。简言之,旅行社责任险是赔偿旅行社的损失,旅游意外伤害险是赔偿旅游者的损失。

四、法律责任

未按照规定投保旅行社责任保险的,由旅游主管部门或者有关部门责令改正,没收违法所得,并处五千元以上五万元以下罚款;违法所得五万元以上的,并处违法所得一倍以上五倍以下罚款;情节严重的,责令停业整顿或者吊销旅行社业务经营许可证;对直接负责的主管人员和其他直接责任人员,处二千元以上二万元以下罚款。未按照规定投保旅行社责任保险的情况主要有以下几种。

(1) 未投保旅行社责任险。
(2) 投保旅行社责任险,每人人身伤亡责任限额低于二十万元人民币。
(3) 擅自解除旅行社责任险合同。
(3) 保险到期后,未及时续保的。

第四节 旅行社经营规范

一、旅游合同规范

1. 信息真实准确

旅行社为招徕、组织旅游者发布信息,必须真实、准确,不得进行虚假宣传,误导旅游者。发布旅游经营信息的网站,应当保证其信息真实、准确。

2. 订立书面合同

旅行社组织和安排旅游活动,应当与旅游者订立合同。包价旅游合同应当采用书面形式,包括下列内容。

(1) 旅行社、旅游者的基本信息。
(2) 旅游行程安排。

（3）旅游团成团的最低人数。

（4）交通、住宿、餐饮等旅游服务安排和标准。

（5）游览、娱乐等项目的具体内容和时间。

（6）自由活动时间安排。

（7）旅游费用及其交纳的期限和方式。

（8）违约责任和解决纠纷的方式。

（9）法律、法规规定和双方约定的其他事项。

订立包价旅游合同时，旅行社应当向旅游者详细说明前款第二项至第八项所载内容。

3. 严格履行合同义务

旅行社应当严格按照包价旅游合同的约定组织旅游者出行。旅行社要委托其他旅行社组织旅游者出行的，必须征得旅游者同意。在合同履行过程中，旅行社不得擅自变更行程，更不得拒绝履行合同，除非因发生不可抗力或者旅行社、履行辅助人已尽合理注意义务仍不能避免的事件，影响旅游行程的，否则旅游行程的调整必须征得旅游者同意。

二、旅游服务要求

（1）旅游项目合格。旅行社及其从业人员组织、接待旅游者，不得安排参观或者参与违反我国法律、法规和社会公德的项目或者活动。

（2）供应商合法。旅行社组织旅游活动应当向合格的供应商订购产品和服务。合格的供应商，首先应当取得相应的经营资质，包括营业执照、必要的经营许可；其次在特定情况下，供应商的产品和服务存在严重问题，也可能被认定为不合格供应商。比如旅行社安排的购物店，所销售的普遍是假冒伪劣商品，旅行社作为专业的服务提供者应当知晓，却仍然安排游客前往购买，可以认定旅行社系向不合格供应商订购产品和服务。

供应商的范围很广，包括转团时的委托旅行社、提供地接服务的地接社以及作为履行辅助人的餐馆、酒店、交通、景区、游乐、购物商店等。

（3）导游领队安排。旅行社组织团队出境旅游或者组织、接待团队入境旅游，应当按照规定安排领队或者导游全程陪同。

（4）符合安全要求。旅游经营者应当保证其提供的商品和服务符合保障人身、财产安全的要求。

旅游经营者取得相关质量标准等级的，其设施和服务不得低于相应标准；未取得质量标准等级的，不得使用相关质量等级的称谓和标识。

三、禁止零负团费

旅行社不得以不合理的低价组织旅游活动，诱骗旅游者，并通过安排购物或者另行付费旅游项目获取回扣等不正当利益。如果旅行社选择以较低的价格销售旅游产品，同时通过安排购物或另行付费项目获取回扣等不正当利益的，这样的低价就属于"不合理低价"。旅行社单纯的尾单销售或特价促销本身不构成不合理低价。

旅行社组织、接待旅游者，不得指定具体购物场所，不得安排另行付费旅游项目。但是，经双方协商一致或者旅游者要求，且不影响其他旅游者行程安排的除外。旅行社必须在充分尊重旅游者知情权和选择权的前提下安排购物和自费项目，即旅行社必须告知购物和自费项目的相关信息，对于旅游者是否参加必须给予充分尊重，不得因为其不参加而要求其承担额外的费用,或拒绝与其订立合同。

发生违反前两款规定情形的,旅游者有权在旅游行程结束后三十日内,要求旅行社为其办理退货并先行垫付退货货款,或者退还另行付费旅游项目的费用。

四、导游领队聘用

旅行社应当与其聘用的导游依法订立劳动合同,支付劳动报酬,缴纳社会保险费用。

旅行社临时聘用导游为旅游者提供服务的,应当全额向导游支付包价旅游合同中约定的导游服务费用。

旅行社安排导游为团队旅游提供服务的,不得要求导游垫付或者向导游收取任何费用。

五、其他经营规范

旅游经营者销售、购买商品或者服务,不得给予或者收受贿赂。

旅游经营者对其在经营活动中知悉的旅游者个人信息,应当予以保密。

旅游经营者组织、接待出入境旅游,发现旅游者从事违法活动或者发现出境旅游者在境外非法滞留,随团出境的旅游者擅自分团、脱团;入境旅游者在境内非法滞留,随团入境的旅游者擅自分团、脱团的,应当及时向公安机关、旅游主管部门或我国驻外机构报告。

六、法律责任

旅行社违反法律规定,有下列行为之一的,由旅游主管部门责令改正,没收违法所得,并处五千元以上五万元以下罚款;情节严重的,责令停业整顿或者吊销旅行社业务经营许可证;对直接负责的主管人员和其他直接责任人员,处二千元以上二万元以下罚款。

(1) 未按照规定为出境或者入境团队旅游安排领队或者导游全程陪同的。
(2) 安排未取得导游证或者领队证的人员提供导游或者领队服务的。
(3) 未向临时聘用的导游支付导游服务费用的。
(4) 要求导游垫付或者向导游收取费用的。

旅行社违反法律规定,有下列行为之一的,由旅游主管部门或者有关部门责令改正,没收违法所得,并处五千元以上五万元以下罚款;违法所得五万元以上的,并处违法所得一倍以上五倍以下罚款;情节严重的,责令停业整顿或者吊销旅行社业务经营许可证;对直接负责的主管人员和其他直接责任人员,处二千元以上二万元以下罚款。

(1) 进行虚假宣传,误导旅游者的。
(2) 向不合格的供应商订购产品和服务的。

旅行社违反禁止零负团费相关规定的,由旅游主管部门责令改正,没收违法所得,责令停业整顿,并处三万元以上三十万元以下罚款;违法所得三万元以上的,并处违法所得一倍以上五倍以下罚款;情节严重的,吊销旅行社业务经营许可证;对直接负责的主管人员和其他直接责任人员,没收违法所得,处二千元以上二万元以下罚款,并暂扣或者吊销导游证、领队证。

旅行社组织、接待出入境旅游,发现旅游者从事违法活动或存在滞留、擅自分团、脱团行为,未履行报告义务的,由旅游主管部门处五千元以上五万元以下罚款;情节严重的,责令停业整顿或者吊销旅行社业务经营许可证;对直接负责的主管人员和其他直接责任人员,处二千元以上二万元以下罚款,并暂扣或者吊销导游证、领队证。

旅行社违反法律规定,有下列行为之一的,由旅游主管部门责令改正,处三万元以上三十万元以下罚款,并责令停业整顿;造成旅游者滞留等严重后果的,吊销旅行社业务经营许可证;对直接负责的主管人员和其他直接责任人员,处二千元以上二万元以下罚款,并暂扣或者吊销导游证、领队证。

(1) 在旅游行程中擅自变更旅游行程安排,严重损害旅游者权益的。

(2) 拒绝履行合同的。

(3) 未征得旅游者书面同意,委托其他旅行社履行包价旅游合同的。

旅行社违反法律规定,安排旅游者参观或者参与违反我国法律、法规和社会公德的项目或者活动的,由旅游主管部门责令改正,没收违法所得,责令停业整顿,并处二万元以上二十万元以下罚款;情节严重的,吊销旅行社业务经营许可证;对直接负责的主管人员和其他直接责任人员,处二千元以上二万元以下罚款,并暂扣或者吊销导游证、领队证。

违反法律规定被吊销导游证、领队证的导游、领队和受到吊销旅行社业务经营许可证处罚的旅行社的有关管理人员,自处罚之日起未逾三年的,不得重新申请导游证、领队证或者从事旅行社业务。

旅游经营者违反本法规定,给予或者收受贿赂的,由工商行政管理部门依照有关法律、法规的规定处罚;情节严重的,并由旅游主管部门吊销旅行社业务经营许可证。

对违反法律规定的旅游经营者及其从业人员,旅游主管部门和有关部门应当记入信用档案,向社会公布。

违反本法规定,构成犯罪的,依法追究刑事责任。

本章练习

思考题

1. 旅行社设立需要满足哪些条件?
2. 旅行社业务包括哪些类型?
3. 旅游服务质量保证金的用途有哪些?
4. 旅行社责任险对旅游者有什么意义?
5. 旅行社安排旅游者参加购物应当满足哪些要求?

案例分析

游客刘某一家三口到甲旅行社报名参加云南线路的旅游。经过接待人员的介绍和几番比较后,刘某对其中的一条线路比较满意,价格是每人2000元。刘某唯一觉得有些美中不足的是里面有四个购物安排,刘某想自己去购物,不想让旅行社安排。但接待人员说如果没有任何购物安排的线路,价格要3000多元。刘某考虑再三决定参加2000元的线路,双方签订了旅游合同,并签订了购物安排的补充协议。

刘某一家根据合同约定,如期参加旅游。行程第一天一切顺利,并参加了一次购物,不过并未买什么东西。第二天,根据行程安排旅游团要去市中心一处花卉市场,但刘某发现这个花卉市场并非在约定的市中心,而是一个比较偏远的郊区,路上来回花费了不少时间。刘某对此很不高兴,向导游提出了异议。导游做了解释,并说,反正你们也没买什么东西,也没什么问题。刘某对这样的答复很不满,并决定不参加后面两个购物安排了,要求自由活动。导游对此也很不高兴,认为刘某既然签了补充协议,就应该遵守合同约定。双方为此发生了争执,刘某没有去参加后面的购物安排,导游也没有搭理他们,没有给予任何安排。随后的行程里,导游为此就没有给他们好脸色看。

郁闷的刘某回来之后就向旅游局投诉,要求处理。处理投诉的旅游质监部门,对民事赔偿部分进行了调解,但双方要求差距较大,调解失败。同时旅游主管部门在查清事实的基础上,根据《旅游法》第三十五条、第九十八条之规定,对旅行社处 2 万元罚款。

问题

1. 旅行社的哪些做法是不合法的?
2. 旅游主管部门的处罚是否合法?

评析

《旅游法》第三十五条 旅行社不得以不合理的低价组织旅游活动,诱骗旅游者,并通过安排购物或者另行付费旅游项目获取回扣等不正当利益。

旅行社组织、接待旅游者,不得指定具体购物场所,不得安排另行付费旅游项目。但是,经双方协商一致或者旅游者要求,且不影响其他旅游者行程安排的除外。

发生违反前两款规定情形的,旅游者有权在旅游行程结束后三十日内,要求旅行社为其办理退货并先行垫付退货货款,或者退还另行付费旅游项目的费用。

《旅游法》第九十八条 旅行社违反本法第三十五条规定的,由旅游主管部门责令改正,没收违法所得,责令停业整顿,并处三万元以上三十万元以下罚款;违法所得三十万元以上的,并处违法所得一倍以上五倍以下罚款;情节严重的,吊销旅行社业务经营许可证;对直接负责的主管人员和其他直接责任人员,没收违法所得,处二千元以上二万元以下罚款,并暂扣或者吊销导游证、领队证。

本案旅行社销售旅游服务产品的价格因为是否参加购物而有显著差别,且未真实告知购物店的信息,远离市区的花卉市场说成市区的,对于游客不参加购物的要求,导游不但没有给予合理安排,还以恶劣的态度对待。综合来看,旅行社的行为侵害了旅游者的知情权、选择权,以不合理低价组织旅游活动,指定安排购物店,变相强迫购物,损害旅游者合法权益,违反《旅游法》第三十五条第一款、第二款之规定,应根据第九十八条予以处罚。

第六章

导游与领队人员法律制度

本章提要

导游与领队是整个旅游行业中具有标志性意义的、最具影响力的职业,是整个旅游行业的重要"门面",是旅游业的"形象大使"。导游与领队人员法律制度在旅游法律体系中占有重要位置。通过学习本章,应了解和熟悉导游及领队人员的基本法律制度,掌握导游和领队人员的从业资格、享有的权利和承担的义务,以及从业规范及法律责任等内容。

学习重点

- 导游人员的概念与分类;
- 导游考试制度与导游证申领;
- 导游人员的管理制度;
- 导游人员的权利、义务;
- 领队证申领;
- 领队人员的权利、义务。

第一节 导游人员概述

一、导游人员的概念与分类

(一)导游人员的概念

导游人员这一概念,在日常用语中,是指以引导游览为职业的人。这样的理解主要是基于导游人员特定的工作内容。1987年出台的《导游人员管理暂行规定》(现已失效)正是从这个角度界定导游人员。其第二条规定,本规定所称导游人员,是指为旅行者(包括旅行团)组织安排旅行和游览事项,提供向导、讲解和旅途服务的人员。这一定义的缺陷在于,它将那些无从业资格的"黑导"也纳入了"本规定所称导游人员"之中,显然是一个严重的疏漏。

1999年出台的《导游人员管理条例》对此作了重大改进,其第二条规定,本条例所称导游人员,是指依照本条例的规定取得导游证,接受旅行社委派,为旅游者提供向导、讲解及相关旅游服务的人员。该定义从三个角度对导游人员进行界定。

第一,从业资格角度。导游人员必须是依法取得导游证的人,即成为导游人员必须要有政府许可。缺少相应资质、违法揽客的"黑导"被排除在外。

第二,从业规范角度。导游人员必须是接受旅行社委派的人。

第三,工作内容角度。导游人员是提供向导、讲解及相关旅游服务的人员。由于立法很难将导游的工作内容做完全列举,因此这里采用了列举加概括的模式。"向导"是为旅游者引路、带路;"讲解"是为旅游者解说旅游相关的各种信息;"相关旅游服务"是作为导游人员可能提供的其他服务,比如安排就餐,代办代购相关票证等。

(二)导游人员的分类

依据不同的标准,可对导游人员作不同的分类。

1. 从导游证申领渠道的角度,分为旅行社导游和社会导游

《旅游法》第三十七条规定,参加导游资格考试成绩合格,与旅行社订立劳动合同或者在相关旅游行业组织注册的人员,可以申请取得导游证。

(1)旅行社导游。这类导游是通过与旅行社签订劳动合同来申领导游证的。《旅游法》第三十八条第一款规定,旅行社应当与其聘用的导游依法订立劳动合同,支付劳动报酬,缴纳社会保险费用。根据《国家旅游局关于执行〈旅游法〉有关规定的通知》(旅发〔2013〕280号),这里的劳动合同是指固定期限劳动合同或者无固定期限劳动合同。根据《劳动合同法》的规定,固定期限劳动合同,是指用人单位与劳动者约定合同终止时间的劳动合同;无固定期限劳动合同,是指用人单位与劳动者约定无确定终止时间的劳动合同。

据此,所谓旅行社导游就是与某一家旅行社建立固定期限或者无固定期限劳动合同关系的导游,该旅行社应当依据双方劳动合同以及劳动和社会保障相关法律,向导游支付劳动报酬、缴纳社会保险等。同时导游应当接受该旅行社的管理,完成旅行社安排的带团工作。

(2)社会导游。这类导游是通过在相关行业组织注册来申领导游证的。根据《国家旅游局关于执行〈旅游法〉有关规定的通知》(旅发〔2013〕280号),"相关旅游行业组织"是指设区的市级以上地方依法成立的导游协会、旅游协会成立的导游分会或者内设的相应工作部门。社会导游与其注册的旅游行业组织之间不具有劳动合同关系。社会导游可以接受不同旅行社的委派,为不同的旅行社提供带团服务。此时社会导游与某特定旅行社之间,建立的是以完成一定工作任务为期限的劳务合同关系。

社会导游又可以分为专职社会导游、兼职社会导游、学生社会导游。除了导游工作之外,兼职社会导游往往还有另外的工作,在法律上表现为,与其他非旅行社企事业单位存在固定期限或无固定期限劳动合同关系。专职社会导游则以导游为其主要工作,一般不存在其他稳定的劳动关系。学生社会导游是指在课余时间或寒暑假为旅行社提供带团服务的全日制在校学生导游。按照我国目前的劳动法律,全日制在校学生没有资格签订劳动合同,他们只能通过相关旅游行业组织登记的方式取得导游证,只能属于社会导游。他们为旅行社提供带团服务时所建立的并非劳动合同关系,而只能是劳务合同关系。

2. 从导游证的性质角度,分为常规导游和临时导游

《导游人员管理条例》第四条第三款规定,具有特定语种语言能力的人员,虽未取得导游人员资格证书,旅行社需要聘请临时从事导游活动的,由旅行社向省、自治区、直辖市人民政府旅游行政部门申请领取临时导游证。

临时导游与常规导游的区别在于:第一,临时导游不需要经过导游考试;第二,临时导游需要具有特定语种语言的能力;第三,临时导游持有的临时导游证,须受聘旅行社根据其需要申请;第四,临时导游的资格,最长不超过三个月。

二、导游人员的资格与条件

（一）导游人员资格考试制度

要成为一名导游人员，除非临时导游人员，都必须是参加导游资格考试成绩合格者。1987年出台的《导游人员管理暂行规定》确立了导游考试制度。虽然导游考试属于全国统一的考试制度，但由于导游工作具有强烈的地域性，各地的旅游资源和旅游发展水平又大不相同，因此国务院旅游行政管理部门主要负责制定全国导游人员资格考试的政策、标准和对各地考试工作的监督管理。省级旅游行政管理部门负责组织、实施本行政区域内导游人员资格考试工作，包括考试内容、考试安排等事宜。

《导游人员管理条例》第三条规定，国家实行全国统一的导游人员资格考试制度。具有高级中学、中等专业学校或者以上学历，身体健康，具有适应导游需要的基本知识和语言表达能力的中华人民共和国公民，可以参加导游人员资格考试。具体而言，参加导游人员考试须符合四项条件。

第一，必须是中华人民共和国公民。具有中华人民共和国国籍的即为中国公民。

第二，应具有高级中学、中等专业学校或者以上学历。这一学历要求，是为了确保未来的导游人员具备一定文化素养。

第三，身体健康。导游工作既是脑力劳动又是体力劳动，很多时候体力方面的辛苦要超过脑力方面，因此要求导游人员具有健康的身体是十分必要的。

第四，具有适应导游工作需要的基本知识和语言表达能力。导游人员很重要的一项工作是讲解，良好的讲解，是品质旅游的重要保障。导游如果缺乏必要的基础知识和语言表达能力，将很难为旅游者提供合格的旅游服务。

经考试合格的，由国务院旅游行政部门或者国务院旅游行政部门委托省、自治区、直辖市人民政府旅游行政部门颁发导游人员资格证书。根据《导游人员管理实施办法》第八条的规定，组织考试的旅游行政管理部门，在考试结束之日起30个工作日内，向考试合格人员颁发《导游人员资格证》。

（二）导游证的申领、颁发与有效期

导游证是国家许可公民从事导游工作的证件，是导游人员从业的必要条件。根据《旅游法》第三十七条的规定，导游证的申领需要满足两方面条件。

第一，参加导游资格考试成绩合格。

第二，与旅行社订立固定期限或无固定期限劳动合同，或者在相关旅游行业组织注册。

满足上述条件的人员可以提出申请，省、自治区、直辖市人民政府旅游行政部门应当自收到申请领取导游证之日起15日内，颁发导游证。但上述两方面仅仅是必备条件，导游证的申领还存在禁止条件，即只要存在禁止性情况，就不予颁发导游证，根据《导游人员管理条例》第五条的规定，这种禁止性条件包括四个方面。

第一，无民事行为能力或者限制民事行为能力的。导游人员的从业活动涉及诸多权利的行使和义务的承担，不具备完全民事行为能力是无法胜任这一工作的。

第二，患有传染性疾病的。导游人员从事引导、讲解工作，时常与大量游客进行交流接触，或处于车辆等狭小空间，若患有传染病，必然会对游客的健康构成极大威胁，因此将传染性疾

病作为许可导游从业的限制条件,符合社会公共利益的要求。其中申领人是否患有传染病需要专业机构提供专业诊断结论。是否所有传染病都属于被限制的范围,则是法律需要进一步明确的问题。

第三,受过刑事处罚的、过失犯罪的除外。根据我国《刑法》的规定,犯罪分为故意犯罪和过失犯罪。明知自己的行为会发生危害社会的结果,并且希望或者放任这种结果发生,因而构成犯罪的,是故意犯罪;应当预见自己的行为可能发生危害社会的结果,因为疏忽大意而没有预见,或者已经预见而轻信能够避免,以致发生这种结果的,是过失犯罪。故意犯罪行为人存在主观上的恶性,过失犯罪行为人则不具有这样的主观恶性。正是基于这种主观恶性,不少法律对故意犯罪行为人的职业自由设定了额外的限制,这是出于公共利益保护的需要,也显示了法律对故意犯罪严厉惩罚的态度。需要特别说的是,并非所有犯罪都会受到刑事处罚,依据《刑法》规定,对于犯罪情节轻微不需要判处刑罚的,可以免予刑事处罚,但是可以根据案件的不同情况,予以训诫或者责令具结悔过、赔礼道歉、赔偿损失,或者由主管部门予以行政处罚或者行政处分。

第四,被吊销导游证的。曾经取得导游者的人,因严重违反了导游人员管理的相关法律,被旅游主管部门处以吊销导游证的处罚,自处罚之日起未逾3年的,不得重新申请导游证。这是针对严重违反导游人员管理法律制度的人员,设定的禁业期。出于行业秩序以及旅游者权益保障的考虑,在禁业期内,禁止此类人员重新成为导游,符合社会公共利益。

省、自治区、直辖市人民政府旅游行政部门发现申请人存在禁止性情况,不予颁发导游证的,应当书面通知申请人。

导游证的有效期为3年。导游证持有人需要在有效期满后继续从事导游活动的,应当在有效期限届满3个月前,向省、自治区、直辖市人民政府旅游行政部门申请办理换发导游证手续。

临时导游证虽然也是向省、自治区、直辖市人民政府旅游行政部门申请,但与导游证的申领有很大不同。首先,临时导游证申请主体是旅行社,是旅行社根据其需要申请;其次,临时导游人员须具有特定语种语言能力,但无需参加导游人员资格考试;最后,临时导游证的有效期限最长不超过3个月,并不得展期,期满后需要继续从业的,由旅行社重新申领。

第二节　导游人员的管理

一、政府层面的管理

(一)国家对导游人员实行分级管理

国务院旅游行政管理部门主要从政策制定、监督落实角度进行宏观管理;省级旅游行政管理部门负责本行政区域内导游人员管理制度的组织实施和监督检查;所在地县市级旅游行政管理部门在本行政区域内负责导游人员管理制度的具体实施。目前国家对导游人员的管理主要是三个方面,即从业规范管理、年审管理、等级考核。其中从业规范管理主要体现为对导游从业活动实行计分管理,并将计分结果与年审管理相结合。

(二)导游人员计分与年审管理

导游人员计分办法实行年度10分制。按照导游违规行为的性质及其危害性,国家旅游行政管理部门制定了相应的扣分标准。根据违规行为的情节轻重,分为一次扣10分、8分、6分、4分、2分等五个档次。被扣完10分后,由最后扣分的旅游行政执法单位暂时保留其导游证,并出具保留导游证证明,并于 10 日内通报导游人员所在地旅游行政管理部门和登记注册单位。正在带团过程中的导游人员,可持旅游执法单位出具的保留证明完成团队剩余行程。导游人员通过年审后,年审单位应核消其遗留分值,重新输入初始分值。

导游人员年审以考评为主,考评的内容应包括:当年从事导游业务情况、扣分情况、接受行政处罚情况、游客反映情况等。考评等级为通过年审、暂缓通过年审和不予通过年审三种。

前述计分管理的结果,在年审考评中的运用为:一次扣分达到 10 分,不予通过年审;累计扣分达到 10 分的,暂缓通过年审;一次被扣 8 分的,全行业通报;一次被扣 6 分的,警告批评。暂缓通过年审的,通过培训和整改后,方可重新上岗。

导游人员还必须参加所在地旅游行政管理部门举办的年审培训。培训时间应根据导游业务需要灵活安排,每年累计培训时间不得少于 56 小时。

(三)导游人员的等级考核

国家对导游人员实行等级考核制度。导游人员分为初级、中级、高级、特级四个等级。初级导游和中级导游考核,由省级旅游行政管理部门或其委托的地市级旅游行政管理部门组织评定;高级导游和特级导游由国务院旅游行政管理部门组织评定。参加省部级以上单位组织的导游技能大赛获得最佳名次的导游人员,报全国导游人员等级考核评定委员会批准后,可晋升一级导游人员等级。一人多次获奖只能晋升一次,晋升的最高等级为高级。

为了确保等级考核制度的效果,各等级资格证的有效期一般为 5 年。期满后,持证者应当按照有关规定到发证机关办理注册等级,并完成相应的培训和考核。逾期不办理等级手续的,其证件将作废。

二、旅行社层面的管理

相对于导游人员的行政管理,旅行社层面的管理更为直接具体,但它仅针对旅行社导游。根据管理依据的不同,其管理有两个方面。

第一,行政法律依据。旅行社应当为导游人员建立档案,对导游人员进行工作培训和指导,建立对导游人员工作情况的检查、考核和奖惩的内部管理机制,接受并处理对导游人员的投诉,负责对导游人员年审的初评。

第二,劳动合同依据。旅行社与导游人员签订了劳动合同,导游人员作为劳动者应当接受用人单位的管理。导游人员的主要工作就是带团,其实质是代表旅行社向旅游者履行旅游合同所约定的义务。如果导游工作不符合旅游合同之要求,很可能导致旅行社向旅游者承担违约责任。因此旅行社无论是从游客权益保障的角度还是从自身经营风险防范角度着眼,都应当重视导游从业的培训和监督管理工作。

三、行业协会层面的管理

行业协会是由行业内的企业或个人组成的民间组织,其主要职责是保障协会成员的合法权益、维护行业秩序、促进行业发展。行业协会对其成员的管理,具有天然优势。首先,相对于其他管理主体,它更了解行业真实情况,采取的管理措施往往更为切实可行;其次,协会作为行业自律组织,其制定的管理制度应当是建立在协会内部民主协商基础上的,因此实施效果也应当更加理想。

行业协会的管理,根据对象的不同,可以从两个方面讨论。第一是针对社会导游的管理。

社会导游注册是在旅游行业组织,行业组织包括导游协会、旅游协会成立的导游分会或者内设的相应工作部门等形式。在这一层面,行业协会对社会导游的管理主要是注册管理,系《旅游法》授权的管理。第二是针对全体导游的,包括旅行社导游、社会导游,这一层面的管理不存在法律依据,其前提是存在相应的行业协会,且相关导游属于其成员。

目前全国各地基本都有旅行社协会,并且大多能正常开展工作。但是导游人员专门的组织多数地方没有建立起来,这也带来了一些问题。首先,对导游队伍整体的自律管理缺乏合适的平台,一些具体的管理工作很难有效落实;其次,导游的一些合理诉求没有合适的渠道和机制予以反映,一旦沟通不畅,很可能会激化矛盾。因此,及时建立导游协会,有效开展导游自律管理,对导游队伍整体的发展具有重要意义。

第三节 导游人员的权利和义务

导游人员的权利义务实质是导游人员与不同主体之间的法律关系。与导游人员发生法律关系的主体有三类,即政府、旅行社、旅游者。

一、导游人员与政府之间的权利义务关系

(一)导游人员的权利

(1)依法从业的权利。导游人员是满足法定要求,通过一定程序取得导游证的公民。其实质是旅游主管部门通过行政许可行为,允许该公民从事导游工作。取得该项行政许可的公民,即有权从事导游工作。未取得导游证从事导游活动的人员,根据《旅游法》第一百零二条第一款,由旅游主管部门责令改正,没收违法所得,并处一千元以上一万元以下罚款,予以公告。

(2)行政救济的权利。行政救济是有关主体在正常的法定权利状态遭到破坏或者妨害时采取补救、恢复措施的法律制度的总称。它包括行政复议、行政诉讼、申诉、信访、调节、仲裁等救济制度。导游人员从业活动中受到行政处罚或合法权益受到行政主体损害的,有权通过行政复议、行政诉讼等方式维护自身合法权益。

(二)导游人员的义务

导游人员具备导游从业资格的同时,也必须遵守相关法律对导游人员设定的从业规范,这些从业规范构成了导游人员义务。与这些义务相对应的是旅游主管部门的监管权力。导游人员违反此类义务,多数应承担行政法上的责任,旅游主管部门有权依法处理。根据《旅游法》,导游人员行政法上的义务包括以下内容。

(1)不得私自承揽业务。导游为旅游者提供服务必须接受旅行社委派,不得私自承揽导游业务。违反该规定,私自承揽业务的,由旅游主管部门责令改正,没收违法所得,处一千元以上一万元以下罚款,并暂扣或者吊销导游证。设定该义务主要是基于市场秩序以及旅游者权益保护的考虑。如果允许导游自行招徕并接待客人,将严重破坏旅行社经营许可制度及旅行社行业经营秩序。此外,一旦旅游者权益受到损害,导游人员自身也往往缺乏赔偿能力,对旅游者权益极为不利。

(2)佩戴导游证。导游从事业务活动,应当佩戴导游证。导游人员进行导游活动时未佩戴导游证的,由旅游行政部门责令改正;拒不改正的,处五百元以下的罚款。设定这一义务,既

是规范导游从业活动,也便于游客和旅游主管部门的监督。

（3）应当向旅游者告知和解释旅游文明行为规范,引导旅游者健康、文明旅游,劝阻旅游者违反社会公德的行为。

（4）不得索取小费。小费应当遵循旅游者自愿的原则,导游索取小费,甚至作为旅游费的一个具体项目,在出发前收取,显然违背了小费的性质。导游违反规定,向旅游者索取小费的,由旅游主管部门责令退还,处一千元以上一万元以下罚款;情节严重的,并暂扣或者吊销导游证。

（5）严格履行旅游合同。导游应当严格执行旅游行程安排,不得擅自变更旅游行程或者中止服务活动。导游人员拒绝履行合同,或在旅游行程中擅自变更旅游行程安排,严重损害旅游者权益的,由旅游主管部门责令改正,处二千元以上二万元以下罚款,并暂扣或者吊销导游证。

（6）依法安排购物和自费项目。导游不得诱导、欺骗、强迫或者变相强迫旅游者购物或者参加另行付费旅游项目。导游违反该规定,由旅游主管部门处没收违法所得,处二千元以上二万元以下罚款,并暂扣或者吊销导游证。

（7）不得安排旅游者参观或者参与违反我国法律、法规和社会公德的项目或者活动。导游违反该规定的,由旅游主管部门处二千元以上二万元以下罚款,并暂扣或者吊销导游证。

（8）及时报告。导游发现旅游者从事违法活动或者入境旅游者有非法滞留、随团入境的旅游者有擅自分团、脱团的,应当及时向公安机关、旅游主管部门或者我国驻外机构报告。导游违反该规定的,由旅游主管部门处二千元以上二万元以下罚款,并暂扣或者吊销导游证。根据《旅游法》第一百零三条规定:违反本法规定被吊销导游证的导游,自处罚之日起未逾三年的,不得重新申请导游证。

二、导游人员与旅行社之间的权利义务关系

导游人员与旅行社之间建立的通常是劳动合同关系,特殊情况下,比如旅行社与临时聘用的在校学生社会导游之间签订的则是劳务合同关系。这里我们仅讨论劳动合同关系的情况。这种关系中的权利义务,主要有两方面依据:首先是法律依据,如《劳动法》、《劳动合同法》、《旅游法》等相关法律规定的法定权利义务;其次是双方订立的劳动合同所约定的权利义务,不同的劳动合同可能会有不同的权利义务约定。

（一）劳动合同权利

（1）要求旅行社依法与其订立书面劳动合同的权利。根据《劳动合同法》的规定,建立劳动关系,应当订立书面劳动合同。已建立劳动关系,未同时订立书面劳动合同的,应当自用工之日起一个月内订立书面劳动合同。旅行社应当与其聘用的导游依法订立劳动合同,旅行社导游有权要求旅行社及时与其订立书面形式的固定期限劳动合同或无固定期限的劳动合同。

（2）要求旅行社依法支付劳动报酬的权利。旅行社应当依法向导游支付劳动报酬。旅行社导游有权要求旅行社按照劳动合同约定的金额或计算方式支付劳动报酬。旅行社临时聘用的社会导游有权要求旅行社支付包价旅游合同中约定的导游服务费作为劳动报酬。无论是旅行社导游还是临时受聘的社会导游,都有权要求旅行社支付不低于当地最低工资标准的劳动报酬,最低工资有月最低工资和小时最低工资两种形式。

（3）要求旅行社依法缴纳社会保险费的权利。国家设立社会保险基金,使劳动者在年老、

患病、工伤、失业、生育等情况下获得帮助和补偿。用人单位和劳动者必须依法参加社会保险，缴纳社会保险费。旅行社不得以任何借口拒绝为导游人员缴纳社会保险，或将应当由旅行社承担的社会保险费部分转嫁给导游人员。

（4）其他劳动权利。导游人员作为劳动者，依据《劳动法》《劳动合同法》享有多方面劳动权利，包括劳动安全卫生的权利、依照法定工时制安排劳动的权利等。

（二）劳动合同义务

导游人员在享有劳动权利的同时，也向旅行社承担相应的义务。导游人员劳动义务体现在两个方面。

（1）遵守劳动合同约定的义务。劳动合同约定的核心的义务是导游应当认真完成旅行社安排的带团工作。劳动合同还可以就某些特别事项做出约定，比如导游人员应当保守工作中掌握的旅行社的商业秘密；导游人员在劳动关系存续期间，未经旅行社同意不得为其他旅行社提供带团劳动等。

（2）遵守旅行社依法定制的规章制度。旅行社有权依法制定企业规章制度，以更好地管理企业生产经营。导游人员作为劳动者，应当接受旅行社合法的管理，遵守旅行社的劳动规章制度。

三、导游人员与旅游者之间的权利义务关系

导游人员自身与旅游者之间并不存在直接的民事合同关系。导游人员与旅行社存在劳动合同关系，代表旅行社向旅游者提供导游服务。旅游者与旅行社之间存在旅游合同关系，旅游者从导游人员那里获得导游服务，是其针对旅行社享有的权利。

导游人员针对旅游者具有的权利，本质上属于旅行社的权利。根据《旅游法》的规定，这些权利包括，要求旅游者遵从导游人员做出的符合旅游合同约定的行程安排；要求旅游者不得干扰他人的旅游活动，不得损害旅游经营者的合法权益；要求旅游者如实告知与旅游活动相关的个人健康信息，遵守旅游活动中的安全警示规定；要求旅游者配合导游人员采取合理的安全防范和应急处理措施等。由于这些权利实质并非导游人员权利，因此即使权利不能实现，导游人员也没有资格以个人名义向旅游者主张损害赔偿。

导游人员针对旅游者的义务，本质上是属于旅行社的义务。此外，某些义务也属于前面所介绍的行政法上的义务，而非导游人员自身与旅游者之间的民事法律上的义务。因此导游人员违反义务，损害旅游者合法权益的，可能基于劳动合同关系被旅行社追究责任，或基于《旅游法》等法律规定受到行政处罚。除非导游人员针对旅游者实施的损害行为超越了职务行为的范畴，否则他并不会向旅游者直接承担损害赔偿责任，旅游者也无权直接向导游人员追究损害赔偿责任。

需要特别注意的是，导游人员与旅游者都具有人格尊严不受侵犯的权利，双方都应当尊重对方的人格尊严。导游人员不得侮辱旅游者的人格尊严，旅游者也应当尊重导游人员的合法劳动，不得侮辱导游人员的人格尊严。

第四节 领队人员的管理

一、领队人员的概念

1996年10月颁布的《旅行社管理条例》正式规定了出境游领队制度，并明确要求领队人

员须依法取得领队资格证书。这是我国法律制度中第一次出现"领队"的称谓。2001年颁布的《中国公民出国旅游管理办法》用了较大篇幅对领队从业规范做出了规定。国家旅游局于2002年10月制定的《出境旅游领队人员管理办法》第二条规定,出境旅游领队人员是指依照本办法规定取得出境旅游领队证,接受具有出境旅游业务经营权的国际旅行社的委派,从事出境旅游领队业务的人员。《旅游法》对领队的委派、领队的从业规范做出了规定。

结合上述规定,领队人员是指依法取得领队证,接受具有出境旅游经营权的旅行社的委派,从事出境旅游领队业务的人员。它包括以下三方面要素。

第一,依法取得领队证。国家对领队人员实行执业许可,未取得许可,即未取得领队证的人员,不能称为领队人员,不得从事领队业务。

第二,接受具有出境旅游经营权的旅行社的委派。领队人员只能接受具有出境旅游经营权的旅行社的委派,才能从事领队业务;未接受委派的,不属于领队人员。

第三,必须是从事出境旅游领队业务的人员。领队业务是指:为出境旅游团提供旅途全程陪同和有关服务;作为组团社的代表,协同境外接待旅行社完成旅游计划安排;以及协调处理旅游过程中相关事务等活动。

二、领队证制度

领队证是国家对领队人员进行管理的重要手段。自1996年《旅行社管理条例》颁布后,领队证制度逐步建立。2001年的《中国公民出国旅游管理办法》第十条第二款规定,领队应当经省、自治区、直辖市旅游行政部门考核合格,取得领队证。2002年的《出境旅游领队人员管理办法》建立了较为系统完善的领队证制度。该办法规定了申领领队证人员的条件、组团社的资格审核、申领领队证的培训要求、提交材料及申领程序、领队证的发放以及领队证的管理等内容。《旅游法》第三十九条规定,取得导游证,具有相应的学历、语言能力和旅游从业经历,并与旅行社订立劳动合同的人员,可以申请取得领队证。据此,公民申领领队证需要具备如下五方面条件。

第一,取得导游证。

第二,相应的学历,是指大专以上学历。

第三,相应的语言能力,是指与出境旅游目的地国家(地区)相对应的语言能力。

第四,相应的旅游从业经历,是指2年以上旅行社相关岗位从业经历。

第五,与旅行社订立劳动合同,包括固定期限劳动合同、无固定期限劳动合同。

《旅游法》生效之前取得领队证的,但不符合《旅游法》上述条件的,有三年过渡期,须在2016年10月1日前,具备相应条件。

三、领队人员的权利和义务

与领队人员发生法律关系的主体有旅游行政管理部门、旅行社、出境游旅游者。其中与旅游行政管理部门之间存在的是行政法律关系,与旅行社之间存在的是劳动合同关系,与旅游者之间并不存在直接的合同关系,领队人员只是代表旅行社向旅游者提供旅游服务,属于职务行为。

(一)领队人员与旅行社之间的劳动合同关系

领队人员享有相应的劳动权利,并承担相应的劳动义务,即根据旅行社安排,依据法律要求和旅游合同的约定向出境游旅游者提供领队服务。但其中有一点与导游人员不同,导游分为旅行社导游和社会导游,社会导游不与旅行社签订固定期限劳动合同或无固定期限劳动合同。领队则不存在这样的分类,所有领队都是与旅行社签订劳动合同。

(二)领队人员与旅游者之间的关系

领队人员是代表旅行社,而非其个人,他们与旅游者之间不存在直接的民事权利义务关系,其为旅游者提供服务的行为,属于职务行为。这一点与导游人员基本相同。

(三)领队人员与旅游行政管理部门之间的关系

一方面是领队人员作为旅行社员工(而非其个人)获得许可,从事领队工作,这是行政法上的权利;另一方面是承担相应的行政法上的义务,这些义务在性质上、类型上、法律责任上与导游的情况基本相同。包括如下内容。

(1) 不得私自承揽业务。领队为旅游者提供服务必须接受旅行社委派,不得私自承揽领队业务。违反该规定,私自承揽业务的,由旅游主管部门责令改正,没收违法所得,处一千元以上一万元以下罚款,并暂扣或者吊销领队证。

(2) 应当向旅游者告知和解释旅游文明行为规范,引导旅游者健康、文明旅游,劝阻旅游者违反社会公德的行为。

(3) 不得索取小费。领队违反该从业规范,向旅游者索取小费的,由旅游主管部门责令退还,处一千元以上一万元以下罚款;情节严重的,并暂扣或者吊销领队证。

(4) 严格履行旅游合同。领队应当严格执行旅游行程安排,不得擅自变更旅游行程或者中止服务活动。领队人员拒绝履行合同,或在旅游行程中擅自变更旅游行程安排,严重损害旅游者权益的,由旅游行政主管部门责令改正,处二千元以上二万元以下罚款,并暂扣或者吊销领队证。

(5) 依法安排购物和自费项目。领队不得诱导、欺骗、强迫或者变相强迫旅游者购物或者参加另行付费旅游项目。领队违反该规定,由旅游主管部门处没收违法所得,处二千元以上二万元以下罚款,并暂扣或者吊销领队证。

(6) 不得安排旅游者参观或者参与违反我国法律、法规和社会公德的项目或者活动。领队违反该规定的,由旅游主管部门处二千元以上二万元以下罚款,并暂扣或者吊销领队证。

(7) 及时报告。领队发现旅游者从事违法活动或者出境旅游者有非法滞留,随团出境的旅游者有擅自分团、脱团的,应当及时向公安机关、旅游主管部门或者我国驻外机构报告。领队违反该规定的,由旅游主管部门处二千元以上二万元以下罚款,并暂扣或者吊销导领队证。根据《旅游法》第一百零三条的规定,领队人员违反法律规定,被吊销导游证的,自处罚之日起未逾三年的,不得重新申请领队证。违反《旅游法》规定的领队人员,旅游主管部门和有关部门应当记入信用档案,向社会公布。

本 章 练 习

思考题

1. 旅行社导游与社会导游有何区别?

2. 旅游主管部门是如何对导游人员进行管理的？

3. 导游人员有哪些类型的权利义务？其具体内容是什么？

4. 导游证与领队证的申领条件有哪些？

5. 领队人员有哪些类型的权利义务？其具体内容是什么？

案例分析

某旅游团参加云台山、洛阳、郑州、开封千年古都之旅三星双飞5日游，景点包括龙门石窟、白居易墓园、香山寺、"天子驾六"车马坑、白马寺、少林寺、塔林、云台山风景名胜区、开封府、宋都御街、龙亭等。根据行程安排，5月5日上午将前往香山寺和白居易墓园。但导游说，都快中午了，吃了中饭再说。中饭之后，导游说香山寺和白居易墓园没啥意思，隔着洛河远眺就够了。随后就临时带游客到附近购物店购物，在店内停留了一个多小时。到了快吃晚饭时，导游向大家介绍起"洛阳水席"，并且说每位游客只要再增加不多的费用，就可以将难吃的团餐换成知名的地方特色晚餐。不少游客被说得心动，全团19人，只有3人不愿意去。导游跟3名游客说，少数服从多数，原来的团餐取消，你们3人的晚餐只能自己解决了，原来的餐费，按照每人10元的标准，在旅游结束后退给你们。由于自行解决就餐后，还得自行赶回住宿的酒店，这对人生地不熟的3人来说很不方便，3人无奈只得一起吃"洛阳水席"。

旅游结束后，3名游客向旅游质量监督所投诉，要求赔偿损失，并对旅行社和导游做出处理。经调查，当地旅行社提供给导游的"派团单"与旅游合同行程安排完全一致，说明问题出在导游身上，是导游私自做出的安排。

问题

1. 导游的哪些做法是违法的？

2. 导游是否应当向旅游者承担损害赔偿责任？

3. 旅行社能否追究导游的责任？

评析

1. 导游的违法行为包括：第一，遗漏景点，即未按约定带游客前往香山寺和白居易墓园；第二，擅自增加购物点；第三，不安排约定的团餐，变相强迫3名游客消费"洛阳水席"。旅游主管部门应当根据《旅游法》第三十五条、第九十八条之规定，对该导游没收违法所得，处二千元以上二万元以下罚款，并暂扣或者吊销导游证。

2. 旅游者与旅行社存在旅游合同关系，导游人员代表旅行社向旅游者提供旅游服务，导游人员违反合同约定，损害旅游者权益的，应当由旅行社承担赔偿责任。导游并不向旅游者承担赔偿责任。

3. 导游人员未按照旅行社的要求完成工作任务，违反劳动合同的义务。旅行社可以根据《劳动合同法》以及劳动合同的约定或者旅行社的规章制度追究导游的责任。

第七章

旅游服务合同法律制度

本章提要

旅游服务合同是旅游经营者与旅游者签订的,约定双方在旅游活动中享有权利和承担义务的协议。依法订立的有效合同,受法律保护。《旅游法》第五章专章规定了旅游服务合同,明确规定:旅行社组织和安排旅游活动,应当与旅游者订立合同。旅游服务合同主要包括旅游包价合同和旅游代办合同。通过学习本章,应了解和熟悉旅游服务合同的一般规定,掌握包价旅游合同的订立、履行、变更、转让、解除的法律规定,以及违约责任承担的法律规定。

学习重点

- 包价旅游合同的概念、性质;
- 包价旅游合同的内容和形式;
- 包价旅游合同的订立;
- 包价旅游合同的变更;
- 包价旅游合同的转让;
- 包价旅游合同的履行;
- 包价旅游合同的解除;
- 违约责任的承担。

第一节 旅游服务合同概述

一、旅游服务合同的概念和特点

旅游服务合同有广义和狭义之分。广义的旅游服务合同既包括旅行社与旅游者就旅游服务签订的合同,也包括旅行社与交通、餐饮、住宿等旅游辅助人签订的关于履行旅游服务的合同。狭义的旅游服务合同仅指旅游者与旅行社之间订立的关于旅游服务的合同。此处讨论狭义的旅游服务合同。据此,旅游服务合同可以被界定为:是指旅游经营者与旅游者签订的,约定双方在旅游活动中享有权利和承担义务的协议。一般地,旅游经营者主要是指旅行社。

旅游服务合同具有以下特点。

第一,订立旅游合同的主体是旅游经营者与旅游者。

第二,旅游服务合同的内容是组织、安排旅游活动,即双方的权利义务。安排包括旅行社向旅游者提供事先设计好的旅游产品,或者根据旅游者的要求,提供相应的设计、安排等,并向旅游者提供约定的旅游服务。

第三,旅游服务合同的标的是旅行社的服务行为。包括提供餐饮、住宿、游览等服务行为。

二、旅游服务合同的法律适用

旅游服务合同是服务型合同,具有合同的法律属性,因此,当事人之间签订合同应当遵守《合同法》以及相关法律法规的规定。但由于旅游服务是追求精神享受的活动,具有履行的异地性和时间上的持续性等特点,旅游合同又是一种特殊的服务合同,《旅游法》对此类合同及其类型进行了明确的规定。因此,合同与旅游服务合同之间的关系是一般与个别的关系。在法律适用上,根据"特别法优于一般法"、"新法效力优于旧法"的原则,应当优先适用《旅游法》关于旅游合同的的规定,《旅游法》没有规定或规定不明确的,适用《合同法》的规定。如旅行社与旅游者之间签订的包价旅游合同,大多为格式合同,而关于格式合同的解释和适用规则在《旅游法》中没有明确的规定,这时就应当适用《合同法》关于格式条款的规定。

第二节 包价旅游合同

一、包价旅游合同的概念和法律特点

(一)包价合同的概念

包价旅游合同是最常见的一种旅游服务合同形式,但在各国的立法例上名称并不相同。德国、日本称其为"旅游契约"、"履行契约",欧盟称为"一揽子包价旅游合同",《关于包价旅游合同的布鲁塞尔公约》则称其为"组织包价旅游合同"。

包价旅游合同是指旅行社预先安排行程,提供或者通过履行辅助人提供交通、住宿、游览、导游或者领队等两项以上旅游服务,旅游者以总价支付旅游费用的合同。一般的,与旅游者订立包价旅游合同的主体是组团社。地接社则是在目的地接待旅游者的旅行社,它不是包价旅游合同的主体,而是受组团社委托的履行辅助人。履行辅助人是指与旅行社存在合同关系,协助其履行包价旅游合同义务,实际提供相关服务的自然人、法人和其他组织,包括交通、餐饮、住宿、景区等经营者。

(二)包价合同的特点

第一,包价旅游合同的主体是旅游者与组团社。组团社是组织、安排旅游行程,并向旅游者收取旅游费用的旅行社。组团社签订合同后,可以自己履行合同的义务,也可以委托交通、住宿、餐饮、游览等履行辅助人来完成。根据合同相对性的原则,无论是哪个主体提供服务,合同的当事人是组团的旅行社与旅游者。因此,出现违约的情形,都应当由组团社向旅游者承担责任。当然,组团社承担责任后,可以向其他有过错的履行辅助人追偿。

第二,包价旅游合同的标的是关于旅行的全部或者综合给付。① 包价旅游合同中约定旅行社提供的服务,应当是综合性的服务。王泽鉴认为:"其给付至少须有两个与旅行有关。"② 根据《旅游法》对此类合同的界定,只要满足提供两项以上旅游服务,且旅游者以总价支付费用的就可以认定为包价旅游。

第三,包价旅游合同的形式大多为格式合同。格式合同是指由一方当事人为了反复使用

---

① 韩玉灵.旅游法教程.北京:高等教育出版社,2010:284.
② 王泽鉴.定型化旅行契约的司法控制.载《民法学说与判例研究》(第七册).北京:中国政法大学出版社,1998:44.

而预先制定的、不与对方当事人预先协商的合同。由于格式合同由一方当事人提供,提供方有可能拟定条款不合理地限制对方的权利,免除自己的义务和责任。因此,我国《合同法》和《消费者权益保护法》都对格式合同作出了相应的限制规定。如《合同法》第四十条规定,提供格式条款一方免除其责任、加重对方责任、排除对方主要权利的,该条款无效。《消费者权益保护法》第二十四条规定,"经营者不得以格式合同、通知、声明、店堂告示等方式作出对消费者不公平、不合理的规定,或者减轻、免除其损害消费者合法权益应当承担的民事责任。"《旅行社条例》第二十九条第二款根据《合同法》规定,针对旅游服务合同中的格式条款,作出以下解释规则:"旅行社与旅游者签订的旅游合同约定不明确或者对格式条款的理解发生争议的,应当按照通常理解予以解释;对格式条款有两种以上解释的,应当作出有利于旅游者的解释;格式条款和非格式条款不一致的,应当采用非格式条款。"

二、包价旅游合同的内容和形式

(一)包价合同的内容

1. 合同必须包括的内容

《旅游法》第五十八条规定,包价旅游合同应当包括旅行社、旅游者的基本信息;旅游行程安排;旅游团成团的最低人数;交通、住宿、餐饮等旅游服务安排和标准;游览、娱乐等项目的具体内容和时间;自由活动时间安排;旅游费用及其交纳的期限和方式;违约责任和解决纠纷的方式;法律、法规规定和约定的其他事项。

2. 合同应当记载的事项

(1)委托。旅行社委托其他旅行社代理销售包价旅游产品并与旅游者订立包价旅游合同的,应当在包价旅游合同中载明委托社和代理社的基本信息;旅行社将接待业务委托给地接社履行的,应当载明地接社的基本信息。

(2)导游服务。安排导游为旅游者提供服务的,应当在合同中载明导游服务费用。

3. 旅游行程单是合同的组成部分

旅游行程单包括具体旅游服务时间、地点、内容、顺序等,是对包价旅游合同所承担义务的具体化。旅游行程单是包价旅游合同的组成部分,同旅游合同的其他部分一样具有法律效力。旅行社负有在旅游行程开始前向旅游者提供旅游行程单的义务。违反该义务的,应当根据《旅游法》第七十条的规定,承担继续履行、采取补救措施、赔偿损失等责任。

(二)包价合同的形式

合同的形式是合同内容的载体,是合同的外部表现形式,具体包括口头形式、书面形式和推定形式三种。《旅游法》明确规定了包价旅游合同应当采用书面形式。《旅行社条例》第五十五条还规定,未与旅游者签订书面合同的,旅游行政管理部门责令改正,处2万元以上10万元以下的罚款;情节严重的,责令停业整顿1个月至3个月。

三、包价旅游合同的订立及相关义务

一般的,合同的订立要经过要约和承诺的过程。由于包价旅游合同大多采用格式合同的形式,由一方当事人为了反复使用而预先制定,不与对方当事人预先协商,所以,订立合同的双方省却了要约与承诺这一过程。实践中的旅游格式合同包括旅游合同示范文本以及旅行社自己制定的旅游合同。前者是国家旅游局与国家工商总局或者地方旅游局与相应的工商局通过公布包价旅游合同示范文本,对合同的基本内容、当事人之间的权利义务进行规范。后者是旅行社自己设计的格式合同。无论是采用哪种格式合同,均应当遵守《合同法》的一般规定和《旅游法》以及其他法律、法规的规定。在包价旅游合同的签订过程中,旅游者往往没有商讨合同内容的余地,因此,法律对经营者的相关义务作出了细致的规定。

(一)旅行社说明和解释旅游合同条款的义务

说明和解释的内容具体包括《旅游法》第五十八条第二项至第八项所载的内容,即:旅行社、旅游者的基本信息;旅游行程安排;旅游团成团的最低人数;交通、住宿、餐饮等旅游服务安排和标准;游览、娱乐等项目的具体内容和时间;自由活动时间安排;旅游费用及其交纳的期限和方式;违约责任和解决纠纷的方式。

(二)旅行社提示购买保险的义务

旅行社应当提示参加团队旅游的旅游者按照规定投保人身意外伤害保险。人身意外伤害保险是指保险人于被保险人遭受意外伤害时,负有给付保险金义务的保险,其中被保险人是指旅游者自身。旅游者可以自愿选择是否购买人身意外伤害保险。需要强调的是,这种保险类型与旅行社责任险不同。发生损害时,即使旅游者购买了人身意外伤害险,也并不能免除旅行社应当依法承担的责任。

(三)旅行社的告知义务

根据《旅游法》第六十二条的规定,旅行社的告知义务应当包括两个方面:一是存在可能危及旅游者人身、财产安全的旅游风险;二是存在可能对旅游者产生不利影响的法律风险。具体内容包括:①旅游者不适合参加旅游活动的情形;②旅游活动中的安全注意事项;③旅行社依法可以减免责任的信息;④旅游者应当注意的旅游目的地相关法律、法规和风俗习惯、宗教禁忌,依照中国法律不宜参加的活动等;⑤法律、法规规定的其他应当告示的事项。值得注意的是,旅行社的这一告知义务在合同履行过程中仍然适用。告知必须采用通俗、准确的常用语言对旅游风险予以真实的说明,对于外国游客应当以其能明白、听懂的语言进行告知。告知的方式可以是书面形式,也可以采取口头的警告、提示等方式。

四、包价旅游合同的转让

合同的转让是指在合同的权利义务不变的基础上,合同的主体发生变更。包价旅游合同的转让可以分为旅行社主体的变更以及旅游者转让合同两种情形。

(一)旅行社主体的变更

旅行社招徕旅游者,与旅游者签订包价旅游合同后,可能因为某些原因而不能自行安排旅游者出行。实践中,旅行社有两种操作选择,一种是将合同权利义务概括转让给另一家旅行社,该旅行社不再是包价旅游合同的当事人,另一家旅行社成了新的合同当事人。这就是合同转让,它必须征得旅游者同意。其实质是解除了原来的合同,签订了新的包价合同,两份合同唯一的区别是旅行社不同。这种操作方式,实践中很少发生,重要原因是旅游者往往嫌麻烦,因为要再签一次合同,且旅游者对新的旅行社未必信任。

实践中更多的选择是另一种——转团,《旅游法》并未使用这一概念。《旅游法》第六十三条第二款规定,因未达到约定人数不能出团的,组团社经征得旅游者书面同意,可以委托其他旅行社履行合同。组团社对旅游者承担责任,受委托的旅行社对组团社承担责任。这种旅行社将其包价旅游合同的义务委托其他旅行社履行的行为,即是业内所谓的"转团"。转团属于委托合同关系,并非合同转让行为,虽然他们都有共同的"转",操作外观上也有类似,但法律关系完全不同。两者的区别可以从如下三层说明。

第一,根据《合同法》第五章有关合同转让之规定,合同转让包括债权转让、债务转让、权利义务概括转让三种情况。但转团仅是将包价旅游合同的义务交由其他旅行社履行,类似于债务转让。

第二,债务转让系出让人与受让人之间的转让合同法律关系,如该转让合法有效,则出让人通常对该债务的履行不再承担责任。受让人成为新的债务人,须对债务的不履行或不完全履行承担法律责任。但转团行为双方并非转让关系,而是一种特殊的委托合同关系。委托旅行社并不因为转团而免除不履行或不完全履行相应义务的法律责任。受托旅行社履行义务存在瑕疵的,相应的民事法律责任须由委托旅行社向旅游者承担,委托社再根据委托合同向受托旅行社追究违约责任。之所以说这种委托合同关系具有特殊性,在于受托旅行社得以自己名义向旅游者履行债务,不似一般委托合同,受托人须以委托人名义从事委托事务。

第三,债务转让须征得债权人同意,转团也需要征得作为债权人的旅游者同意。从这个角度看,似乎两者完全相同,但其背后的法理也是存在差异的。债务转让须债权人同意,原因在于债务受让人的履行能力事关债权人的切身利益。转团行为须征得旅游者同意,主要也是考虑到不同旅行社履行债务的能力,即提供合格旅游服务的能力是有差异的,受委托旅行社的履行能力如低于委托旅行社,就会损害旅游者权益。但转团须征得旅游者同意,还存在消费者权益保护层面的考虑,包括消费者知情权、选择权等权利的保护,这是《合同法》上的债务转让所不涉及的。

(二)旅游者转让合同

(1)旅游者转让合同的条件。《旅游法》第六十四条规定,"在旅游行程开始前,旅游者可以将包价旅游合同中自身的权利义务转让给第三人。旅行社没有正当理由的不得拒绝,因此增加的费用由旅游者和第三人承担。"可见,旅游者转让合同权利义务的,应当符合两个要求:一是应向旅行社提出转让的要求;二是应当在旅游行程开始前提出。旅游行程开始之后,旅游者不能提出转让。当然,旅行社在有正当理由的情况下也可以拒绝旅游者转让合同。这种正当情况可能包括:对应原报名者办理的相关服务、手续不能变更或不能及时变更,出团前再为第三人办理已经来不及;旅游活动对旅游者的身份、健康、资格等有特殊要求的,而第三人又不具备的。

(2)转让的法律后果。由于旅游者发生了变更,可能增加的费用由原报名者与第三人共同承担。

五、包价旅游合同的变更

合同的变更是指在合同的主体不变的基础上,合同的内容发生了变化,即双方的权利义务发生变化。

(一)旅游者变更合同

一般的,团队旅游中旅游者变更合同的情形并不多。但随着个性化旅游的需求凸显,旅行社按照旅游者的要求安排行程的包价旅游合同成为了一种新型的旅游方式。其最大的特点是体现了旅游者的自主性安排。《旅游法》第七十三条规定了此类旅游者的变更权。旅行社根据旅游者的具体要求安排旅游行程,与旅游者订立包价旅游合同的,旅游者请求变更旅游行程安排,因此增加的费用由旅游者承担,减少的费用退还旅游者。

(二)旅行社变更合同

实践中,更多的情形是旅行社变更包价旅游合同。这包括对旅游路线的变更、旅游行程的变更、酒店等级的变更、餐饮服务等级的变更、旅游运载车辆的变更、旅游景点减少或"缩水"等。另外,旅行社擅自减少合同约定的项目,增加购物和自费旅游项目,获取不正当利益的行为都属于违约行为,为法律所严格禁止。

(1)合同变更的条件。旅行社不能随意变更合同。只有在两种特殊情况下,旅行社才可以变更合同:一是发生不可抗力;二是旅行社、履行辅助人已尽合理义务仍不能避免的事件,导致行程受到影响的情况。在这两种情况下,如果合同不能完全履行,旅行社经向旅游者作出说明,可以在合理范围内变更合同。

(2)合同变更的法律后果。由于旅行社合理变更合同,增加的费用由旅游者承担,减少的费用应退还旅游者;如果造成旅游者滞留的,旅行社应当采取相应的安置措施。因此增加的食宿费用,由旅游者承担;增加的返程费用以及因安全保障措施而增加的费用,由旅行社和旅游者分担。

六、包价旅游合同的履行

合同的履行是指合同目的的实现,即合同的债务人全面、适当地完成其义务,以使得债权人的债权得到完全实现的过程。在包价旅游合同中,旅游者通常在缴纳了全部的团费时就已经履行了主要义务;而旅行社则需要通过辅助人的协助来履行合同义务。

(一)组团社将旅游服务委托给地接社履行

旅游活动具有跨地域性的特征,在履行合同的过程中,组团社通常并不直接到旅游目的地为旅游者提供旅游服务,而是交由旅游目的地当地的旅行社负责接待旅游者。[①] 因此,地接社扮演着实际接待旅游者、具体执行旅游行程安排的重要角色。这种履行方式具有委托履行的性质。[②] 根据法律的规定,组团社将接待业务委托给地接社来履行,应当具备以下几个要件:①组团社选择有相应资质的地接社作为履行的提供者;②组团社与地接社之间签订书面合同,明确双方的权利义务;③组团社向地接社提供包价旅游合同的副本;④组团社应当向地接社支付不低于接待和服务成本的费用。

[①] 《〈中华人民共和国旅游法〉解读》编写组.《中华人民共和国旅游法》解读.北京:中国旅游出版社,2013:208.

[②] 此处的委托履行与合同转让中的委托履行不同。合同转让中,旅行社委托其他旅行社履行合同,旅行社不再是合同的履行方,合同主体发生变化。而合同履行中的委托地接社负责接待,合同主体没有发生变化。

（二）地接社履行包价旅游合同的义务

根据《旅游法》六十九条第一款的规定，"旅行社应当按照包价旅游合同的约定履行义务，不得擅自变更旅游行程安排。"这里的"旅行社"当然包括地接社。在包价旅游合同的履行中，地接社作为实际履行义务的主体，应当按照包价旅游合同和委托合同的约定向旅游者提供服务。

七、包价旅游合同的解除

合同的解除即终止合同权利义务关系，包括双方解除和单方解除。双方解除是双方当事人通过协议解除原来的权利义务关系，使合同的效力消灭。单方解除是一方当事人通过行使法定解除权或者约定解除权使得合同的效力消灭。包价旅游合同中，旅行社和旅游者可以通过双方协商来解除合同。合同的一方当事人通过行使解除权来解除合同则需要符合法律的规定，享有解除权的当事人只要将解除合同的意思表示通知对方，合同即发生解除的效力。不符合解除条件的，解除合同属于违约行为，应当承担违约责任。

（一）旅游者的合同解除权

旅游行程结束前，旅游者无需阐述理由，可以随时解除包价旅游合同，这就是旅游者的任意解除权。旅游者只要通知旅行社，合同就发生解除的效力。此时，包价旅游合同的效力就终止。合同被解除后，已经履行的部分，其效力不受影响，仍然有效；尚未履行的部分则不需要再履行。因此，双方有必要对已经发生和尚未发生的费用进行清算。已经履行的部分，旅游者已经享受了其利益，则应当支付相应的费用；尚未履行的部分，旅游者无需支付所需的费用。《旅游法》第六十五条规定，"旅游行程结束前，旅游者解除合同的，组团社应当在扣除必要的费用后，将余款退还给旅游者"。

（二）旅行社的解除权

旅行社的解除权是指发生法律规定或双方约定的情形时，旅行社可以行使解除权终止旅游合同关系。在团队旅游中，一方面，个别旅游者的行为如果危及其他游客的生命、财产安全，违反法律、法规的规定，必然会使他人的利益受到侵害；另一方面，旅行社作为经营主体，负有对旅游者的安全保障义务。为了保证团队旅游的顺利进行，保障旅游者的安全，旅行社作为组织者有责任排除一切不利因素，使旅游合同顺利履行。因此，《旅游法》规定了旅行社的单方解除权。但是，考虑到单方解除往往发生在旅游合同履行过程中，旅行社解除合同必然会给所涉及的旅游者带来不利后果。从保护消费者权益、防止旅行社滥用法定解除权而逃避义务的角度出发，法律规定旅行社及其从业人员必须具有合理性、正当性的理由，且确有必要时才能行使单方解除权。

1. 解除的条件

《旅游法》第六十六条规定，旅游者具有以下几种情形时，旅行社可以行使解除权。
（1）患有传染病等疾病，可能危害其他旅游者健康和安全的。
（2）携带危害公共安全的物品且不同意交有关部门处理的。
（3）从事违法或者违反社会公德的活动的。
（4）从事严重影响其他旅游者权益的活动的，且不听劝阻、不能制止的。

(5) 法律规定的其他情形。

2. 合同解除的法律后果

合同解除后发生以下法律效果。

第一,旅行社免除尚未履行的义务。根据《合同法》第九十七条的规定,合同解除后,尚未履行的,终止履行。已经履行的,仍然有效。

第二,旅行社应当扣除必要的费用,将余款退还旅游者。

第三,如果给旅行社造成损失,旅游者应承担赔偿责任。

实践中,由于旅行社解除权的行使针对的往往是个体的旅游者而非所有的旅游者,因此,行使解除权的法律后果只发生在旅行社与该旅游者之间,旅行社与其他旅游者之间的合同继续有效。

(三) 双方解除权

双方解除权是指在出现法定情形或约定情形时,旅行社和旅游者均享有合同的解除权。这时,任何一方行使解除权都可以使合同关系终止。《旅游法》规定了在某些特殊情况下,旅行社和旅游者均享有法定的合同解除权。这些情形如下。

1. 合同履行前的解除

旅行社组织团队旅游,就是希望通过参团人数的优势而获得利益。如果人数达不到约定的数额,就意味着其无法通过该次活动获利。因此,法律赋予了组团社在未达到约定人数而不能出团时享有合同解除权。从利益衡量的角度来看,旅行社解除合同的行为必然会使消费者的合同目的落空。消费者可能为了此次出行,很早就开始计划休假时间、进行经济投入等。为了降低由于旅行社解除合同给消费者带来的损害,使消费者能有足够的时间重新行使选择权,法律对旅行社行使解除权进行了适当的限制,规定了行使的合理期限,即境内旅游应当至少提前七日通知旅游者,出境游应当至少提前三十日通知旅游者。需要注意的是行使解除权与违约的界限。旅行社超过合理的期限而解除合同,就是违约行为,应当承担不履行合同的违约责任。

旅游者在旅行社组团不能成团时,又不愿意接受"转团"的情况下,也可以解除合同。旅游服务具有鲜明的人身属性[①],即使旅游目的地、旅游线路相同,但由于旅行社不同,履行辅助人不同,所提供的旅游服务存在很大的差异。在当前旅行社鱼目混珠、良莠不齐的背景下,旅游者愿意选择资质高、口碑好的旅行社,正是旅游服务这种人身属性的表现。[②] 因此,在不能成团的情况下,有的旅游者不愿意接受组团社委托其他旅行社履行合同。这种情况下,法律赋予旅游者合同解除权。这也体现了法律对旅游者自主选择权的保护。

无论是哪一方行使解除权,都产生合同关系终止的法律后果,当事人免除履行责任,组团社应当向旅游者退还已收取的全部费用。

2. 合同履行过程中的解除

旅游合同的履行具有异地性和持续性等特点。这些特点决定了旅游合同在履行过程中,当事人以外的客观因素可能对合同的履行造成一定的影响,甚至导致履行不能够继续。

---

① 奚晓明. 最高人民法院审理旅游纠纷案件司法解释理解与适用. 北京:人民法院出版社,2010:120.
② 杨富斌,苏号朋. 中华人民共和国旅游法释义. 北京:中国法制出版社,2013:189.

根据《旅游法》第六十七条的规定,发生不可抗力或者旅行社、辅助人已尽合理注意义务仍不能避免的事件时,旅行社和旅游者均享有合同解除权。履行过程中的合同解除产生以下法律后果。

(1) 合同尚未履行的部分,终止履行。所谓"终止履行",既包括旅行社免除尚未履行义务,也包括旅游者不需要再为尚未履行的部分交付费用。

(2) 旅行社不承担违约责任。根据《合同法》的规定,不可抗力等客观原因导致合同解除的,双方当事人均不承担违约责任。这里应当做宽泛的解释,即无论是旅行社还是旅游辅助人在这种情况下均可免责。

(3) 费用的清算和返还。实践中,旅游者签订旅游合同时,往往已经交付了全部的费用。发生不可抗力或旅行社、辅助人尽合理义务均无法避免的客观情况时,旅行社不再承担继续履行合同的责任。双方当事人发生合同的清算,旅行社应当扣除已向地接社或履行辅助人支付且不可退还的费用后,将余款退还给旅游者。

3. 安全、安置措施与费用的承担

发生不可抗力或者旅行社、辅助人已尽合理注意义务仍不能避免的事件,不仅可能影响旅游行程,而且还可能发生危及旅游者人身、财产安全,还有可能造成旅游者滞留的情况。在发生危及旅游者人身、财产安全的情况下,旅行社应当采取安全保障措施,避免造成损失,由此支出的费用由双方分担;如果造成旅游者滞留的,旅行社负有妥善安置的义务,因此增加的食宿费用,由旅游者自己承担;增加的往返费用,由双方分担。这是由于旅行社和旅游者双方对不可抗力等客观情形的发生均无过错,按照公平原则,增加的费用应当双方分担。在这些特殊情况下,旅游者身处异地、缺乏必要信息甚至语言不通,根据诚实信用原则,法律要求旅行社保障旅游者安全,妥善安置旅游者,未履行该义务的,旅行社仍然要承担相应的法律责任。

4. 旅行社负有协助旅游者返回的义务

作为专门从事旅游服务的经营者,旅行社对旅游目的地的信息掌握较为全面,为保护旅游者的权益和安全,在旅游行程中解除合同时,法律明确规定旅行社负有协助旅游者返回的法定义务。关于返程费用的分担,适用以下规则。

一是旅游者解除合同的,或者旅行社由于不可抗力或特殊事件的发生导致无法履行合同而解除的,返程费用由旅游者承担,从旅游费用中扣除。

二是由于旅行社或履行辅助人的原因导致合同解除的,包括旅行社或履行辅助人不履行主要义务,严重损害旅游者权益的,返程费用由旅行社承担。

八、违约责任

违约责任亦称违反合同的责任,是指合同当事人一方不履行合同义务或履行合同义务不符合合同约定所应承担的民事法律责任。一般的,违约责任是一种严格责任,即不考虑违约方主观上是否存在过错,只要存在违约事实,就应承担违约责任。包价旅游合同一方当事人不履行旅游合同约定的义务或者履行义务不符合约定,不论其主观上是否存在故意,都应当承担违约责任。

(一) 旅行社违约责任及其承担方式

1. 旅行社的违约行为

旅行社存在违约行为是旅行社承担违约责任的客观前提,具体包括以下两类:一是旅行社

不履行包价旅游合同义务。不履行义务一般是指旅行社具备履行条件,但拒绝履行相关的合同义务,例如实践中的"甩团"行为。二是旅行社履行合同义务不符合约定。主要表现为旅行社擅自改变旅游行程、遗漏旅游景点、减少旅游服务项目、降低旅游服务标准等。

2. 旅行社承担责任的方式

根据《旅游法》的规定,旅行社不履行义务或履行义务不符合约的,应当承担继续履行、采取补救措施或者赔偿损失等违约责任;造成旅游者人身损害、财产损失的,应当依法承担赔偿责任。

继续履行是指违约方存在违约行为时,另一方当事人要求其按照合同约定的标的履行义务,而不得以支付违约金或赔偿金的方式来代替。旅游活动受时间和地域的限制,旅行社承担继续履行责任,应当以旅游者在合理的期限内请求而且旅行社能够继续履行为前提。如果继续履行的成本太大,或者旅行社虽然违约,但由于客观原因已无法履行,则继续履行就不能适用,应当适用其他的责任方式。

采取补救措施是为了矫正合同的不适当履行,从而达到消除履行缺陷的目的。在包价旅游合同中,采取补救措施通常体现为以合理的服务项目来替代有瑕疵的履行。如住宿的酒店等级不符合合同约定,则以符合约定的住宿替代之。

损害赔偿是指违约方由于违约行为给对方造成损失,应当依法或依照约定对对方当事人的损失进行金钱赔偿的方式。在包价旅游合同中,承担赔偿责任的范围通常指旅游者的实际损失,既包括未完成约定的旅游项目的费用,也包括降低服务标准的差价等。另外,如果由于旅行社的违约行为造成旅游者的人身损害或财产损失,旅行社也应当承担相应赔偿责任。

3. 惩罚性赔偿金

惩罚性赔偿是指为了惩罚、吓阻具有恶意、野蛮、残忍等性质的违法行为而在实际损失之外所承担的赔偿责任。按照《旅游法》规定,对旅行社的惩罚性赔偿金主要是针对旅行社的严重违约行为。实践中,由于旅游者拒绝购物、参加另行付费项目,导游、领队人员甩团、拒不履行合同的情况非常严重。甩团行为是严重的恶意违约行为,旅游者在遭遇甩团时,身处异地、信息不畅、语言不通,如果选择自行活动可能存在走失的风险,如果在原地等待又不知导游、领队何时履行合同。[①] 在这种情形下规定惩罚性赔偿是有其现实意义的。

惩罚性赔偿的构成要件包括:第一,旅行社具有履行条件而拒不履行合同,发生不可抗力以及经营者尽到合理义务仍不能避免的事件则不属于本条的情形。第二,经旅游者要求仍拒绝履行合同。第三,旅行社拒不履行合同的行为造成严重后果,如旅游者人身损害、滞留等,尚未造成严重后果的不在其列。第四,旅行社严重违约行为与损害后果之间具有因果关系。旅行社具备履行条件,经旅游者要求仍拒绝履行合同,造成旅游者人身损害、滞留等严重后果的,旅游者可以要求旅行社承担旅游费用一倍以上三倍以下的赔偿金。应当注意的是,实践中导游为了逼迫旅游者就范而采取的拒不开车、不开空调、到点不吃饭、不带到入住酒店住宿的行为也属于严重违约行为,应当适用惩罚性赔偿金的规定。

4. 责任的免除

责任的免除是指在合同履行中,出现了法律规定的免责条件或合同约定的免责事由导致

[①] 2013年发生在云南丽江的由于游客不消费自费项目,导游张某恶意将游客丢弃在荒郊野外的恶性事件,就引起了全国的广泛关注。

合同不能履行时,当事人可以免除其违约责任,包括不可抗力或双方约定的免责情形发生。根据《旅游法》的规定,旅行社免责的情形主要包括以下内容。

第一,发生不可抗力。

第二,发生旅行社、履行辅助人已尽合理注意义务仍不能避免的特殊事件。

第三,旅游者自身原因导致包价旅游合同不能履行或不能按照约定履行,或者造成旅游者人身损害、财产损失的情形。合同的履行中,债权人负有协作的义务。旅游活动是旅游者体验整个活动乐趣的过程,需要旅游者的主动参与。旅游者突患疾病、擅自脱团、自行参加行程以外的活动等主观原因造成旅游合同不能履行或不能依约履行的,或者造成旅游者自身损失的,旅行社都不承担责任。

5. 旅游者自行活动期间的责任承担

旅游者自行安排活动期间,包括旅行社安排的在旅游行程中独立的自由活动期间、旅游者不参加旅游行程的活动期间以及旅游者经导游或领队同意暂时离队的个人活动期间等。这些虽然是由旅游者自己安排自己的活动,但由于其身处异地,对旅游目的地的自然环境、社会环境、法律规定等都比较陌生,发生损害的危险相对较高。因此,法律对相对熟悉环境、具有优势地位的旅行社仍然课以一定的责任。《旅游法》第七十条规定,"旅游者自行安排活动期间,旅行社未尽到安全提示、救助义务的,应当对旅游者的人身损害、财产损失承担相应责任。"在危险尚未发生时,旅行社应当承担安全提示的义务;在危险发生时或发生后,旅行社应当承担对旅游者的人身、财产救助的义务。后者包括及时报警、迅速联络救助人员进行救助、及时采取措施避免损失进一步扩大等。

(二)地接社与履行辅助人的责任及其承担方式

1. 违约责任的承担

(1)一般规则

在包价旅游合同中,组团社虽然是以自己的名义向旅游者提供服务,但往往并不亲自履行,而是通过由地接社以及交通、餐饮、住宿、景区等履行辅助人直接向旅游者提供服务的方式来完成。因此,当出现履行合同有瑕疵或履行有障碍时,应当由哪个主体来承担责任,就容易产生纠纷。根据合同的相对性原则,违约责任的承担应当只发生在合同的双方主体之间。包价旅游合同的双方当事人是组团社与旅游者,地接社及各个旅游辅助人并非合同的主体,因此,无论履行服务是由哪个主体提供的,只要出现违约的情形,所有的违约责任都应当由组团社对旅游者承担责任。

当然,由于组团社与履行辅助人之间也存在关于包价旅游合同履行的协议,辅助人违反约定提供服务,也构成对组团社的违约。组团社在向旅游者承担责任后,可以向地接社、履行辅助人行使追偿权。

(2)公共交通经营者的责任

由于公共交通经营者的原因造成旅游者人身损害、财产损失的,由公共交通经营者依法承担赔偿责任,旅行社应当协助旅游者向公共交通经营者索赔。因公共客运交通工具延误,导致合同不能按照约定履行,旅行社也不承担违约责任,但应退还未实际发生的费用的。公交通经营者与其他履行辅助人不同,它往往占垄断地位和优势,旅行社对其很难有选择的余地,无法进行必要的控制。旅行社虽然不需要为此承担赔偿责任,但负有协助旅游者向公共交通经营者索赔的义务。

2. 违约责任和侵权责任竞合的承担

违约责任和侵权责任竞合是指行为人的违约行为同时又符合侵权要件,导致既产生违约责任又产生侵权责任,违约责任的赔偿请求权与侵权责任的赔偿请求权发生重叠,形成请求权的竞合。《合同法》第一百二十二条规定了这种情形的处理原则。实践中,由于地接社、履行辅助人的违约行为造成旅游者人身、财产的损失,责任最终由谁承担分歧很大,这也容易造成经营者之间相互扯皮,旅游者的利益得不到有效的保护。《旅游法》第七十一条第二款针对这种情形作出规定,"由于地接社、履行辅助人的原因造成旅游者人身损害、财产损失的,旅游者可以要求地接社、履行辅助人承担赔偿责任,也可以要求组团社承担赔偿责任;组团社承担责任后可以向地接社、履行辅助人追偿。"可以看出,旅游者在地接社、履行辅助人存在违约同时又造成其人身权、财产权损害的情况下,享有两个请求权,一个是针对地接社、履行辅助人的侵权损害赔偿请求权,一个是针对组团社的违约损失赔偿请求权。受损害的旅游者可以选择其一,不能重复行使。一个请求权行使,另一个请求权随即消灭。

第三节　其他服务合同

一、委托代办合同

(一)旅游代办合同的概念

旅游代办合同又称旅游代订合同,是指旅行社接受旅游者的委托,为其代订交通、住宿、餐饮、游览、娱乐等旅游服务,旅游者支付代办费用的合同。

(二)旅游代办合同的法律特征

1. 旅游代办合同属于委托合同

《合同法》第三百九十六条规定,"委托合同是委托人与受托人约定,由受托人处理委托事务的合同。"委托合同往往是建立在双方当事人信任的基础上成立的,因此,法律要求受托人应当亲自处理受托事宜。同样,旅游代办合同也是基于旅游者对旅行社的资质、品质等信赖的基础上而产生,从法律性质上来说,旅游代办合同属于委托合同。因此,旅游代办合同中,旅行社应当亲自处理受托的事务,未经旅游者同意,不能转托他人处理受托事务。

2. 旅游代办合同的法律后果由旅游者承担

旅行社接受旅游者的委托,原则上并不是以自己的名义代订交通、住宿、餐饮、游览、娱乐等事务,而是以旅游者的名义进行。旅游者接受旅行社的代订,在接受住宿、餐饮、游览等服务时,如果出现经营者违约、侵权行为,旅游者只能要求该住宿、餐饮、游览的提供者承担责任,受托代办事务的旅行社不承担赔偿责任。这显然与包价旅游合同责任的承担方式不同。

3. 旅游代办合同是有偿合同

旅游代办合同是提供劳务类合同,其标的是旅行社的劳务,体现为利用自己掌握的信息和专业的知识为旅游者处理委托事务。这属于旅行社经营活动的一部分。因此,旅游代办合同常常是有偿合同。

（三）旅游代办合同的解除

根据《合同法》第四百一十条规定，委托人或者受托人可以随时解除委托合同。在旅游代办合同中，双方当事人均享有合同的任意解除权。

（四）旅游代办合同中旅行社的责任

实践中，如果旅游者在接受旅行社代办的住宿、餐饮、游览、娱乐经营者提供的服务时受到损害，旅行社是否应进行赔偿？这涉及旅行社在哪些情况下承担责任的问题。《旅游法》采取了过错归责的原则，即因旅行社的过错给旅游者造成损失的，旅行社应当承担赔偿责任。换言之，如果旅行社对代办事务没有过错，则不应当承担责任，旅游者只能向实际提供服务的经营者主张赔偿责任。

二、住宿服务合同

（一）住宿服务合同的概念和法律特征

住宿服务合同是旅行社根据包价旅游合同与住宿经营者签订的关于旅游团队住宿酒店、接受住宿服务的合同。住宿服务合同具有以下法律特征。

第一，住宿服务合同是旅行社与住宿经营者之间的合同，具有商事合同的性质。无论是旅行社还是住宿经营者都属于经营者，包括法人或其他组织，是商事主体。二者之间的合同具有商事服务的特点。

第二，住宿服务合同的基础是包价旅游合同，二者紧密相关。没有旅行社与旅游者之间的包价旅游合同，住宿合同就失去了存在的基础，而没有旅行社与住宿经营者之间的住宿合同，包价旅游合同就无法适当、全面地履行。

第三，住宿合同的利益相关人是旅游者。从住宿合同的角度来看，旅行社签订住宿服务合同的目的是为团队旅游者提供住宿的服务，是其履行合同的一部分，受益者为旅游者。

团队旅游中，提供住宿是包价旅游合同的重要服务内容之一。从住宿服务合同的角度来看，旅游者是旅行社与住宿经营者之间的利益第三人。这符合《合同法》第六十四条规定的当事人约定由债务人向第三人履行债务的情况。债务人未向第三人履行债务或者履行债务不符合约定的，应当向债权人承担违约责任。因此，当酒店、宾馆等经营者未向旅游者提供住宿服务或提供服务不符合合同约定的，经营者应当向旅行社承担违约责任。这显然遵循了合同具有相对性的原则。

但实践其实是突破合同相对性原则的。旅游者在旅游目的地接受住宿经营者的服务时，必然与住宿经营者发生各种交涉，处理原则并不是通过向旅行社提出要求，再由旅行社转达的方式进行，而是直接向住宿经营者提出。同时，住宿经营者也通常不会提出由于与旅游者之间没有直接合同关系而拒绝旅游者的主张。因此，《旅游法》第七十五条显然是根据团队住宿的实际情况，突破了合同的相对性原则，明确规定了住宿经营者对旅游者的直接责任。

（二）住宿经营者承担违约责任的方式

住宿经营者未能按照包价旅游合同提供服务的，就构成对合同义务的违反，应当承担继续履行的责任。这主要考虑到在旅游旺季，住宿常常出现"一房难求"的情况，只有要求经营者继续履行才能对旅游者更为有利。因此,《旅游法》规定了经营者应当承担为旅游者提供不低于原定标准的住宿服务,而且因此增加的费用由住宿经营者承担。

(三)责任的免除和协助的义务

发生不可抗力、政府因公共利益需要采取措施造成不能提供的情形时,住宿经营者可以免责,即不承担继续履行的责任。但根据诚实信用原则,住宿经营者应当协助安排旅游者住宿。

本 章 练 习

思考题

1. 什么是包价旅游合同? 其具有哪些特点?
2. 包价旅游合同订立过程中,旅行社应履行哪些告知义务?
3. 什么是包价旅游合同的变更? 什么情况下可以进行包价合同的变更?
4. 什么是包价合同的转让? 什么情况下可以进行包价合同的转让?
5. 未达到约定人数不能出团的,旅行社应当在多长时间的期限内通知旅游者?
6. 旅行社在哪些情况下可以解除旅游合同?
7. 由于履行辅助人的原因造成旅游者损失的,旅游者可以要求谁来承担责任?

案例分析

2004年6月8日,TD旅行社在《北京晚报》上刊登了题为"一路都是好风光——我国首次开行的出境旅游专列7月31日从北京驶向莫斯科"的广告性文章。敬某某看到宣传材料后,给TD旅行社电汇了17800元团费,参加了中国TD旅行社组织的"中俄友谊号"暑期专列,由北京出发,途径乌兰巴托、伊尔库茨克、新西伯利亚、叶卡捷琳堡、莫斯科到圣彼得堡,最后飞回北京。在旅行社给游客发放的行程安排中载明:7月31日从北京出发,第16天即8月15日从圣彼得堡乘飞机返回北京。但其间,敬某某等人被告知由于俄方出现违约,8月15日的行程被迫取消,游客必须于8月14日返回北京。返回后敬某某即向法院起诉,诉称这次旅游是他自己一生中最期盼的旅行,旅行社取消了最重要的一天行程,给自己造成很大的精神损失,要求赔偿1万元。同时,由于TD旅行社的行为存在违约,应承担责任。TD旅行社辩称,给游客造成损失的是俄方而非自己,并且已经补偿给每人100美元,敬某某已领取了补偿款并签字,就表示了其认可了这种方式,没有权利再提出其他要求。法院经过审理,认为旅行社与敬某某之间存在合同关系,应当按照约定履行各自的义务。旅行社违反了合同的约定,将原定16天行程减少为15天,应当承担违约的民事责任。TD旅行社按照国家的相关规定给予补偿并无不当。敬某某要求赔偿1万元的精神损失无法律依据,不予支持。因此,法院判决驳回敬某某的起诉。[①]

问题

1. 没有签订书面的合同,双方的合同关系是否成立?
2. 原定16天的行程只进行了15天,旅行社是否存在违约? 俄方的违约应当由谁来向游

---

① 刘劲柳. 中外旅游纠纷百案评析. 北京:中国旅游出版社,2008:41-45.

客承担责任?

3. 敬某某认为旅行社的违约行为对自己造成了精神损害,要求赔偿是否合理?为什么?

评析

这是一起因合同委托履行引起的违约纠纷。

1. 双方的合同关系成立。本案中,TD旅行社在《北京晚报》上刊登俄罗斯旅游专列计划的文章的行为是希望他人与其订立合同,属于要约邀请。而敬某某看到该文章向旅行社电汇了17800元团费,报名参加旅游团,旅行社接受,合同即成立。可见本案中敬某某与TD旅行社并未签订正式的包价旅游合同,但并不影响合同的成立。

2. 旅行社存在违约,应当向旅游者承担违约责任。旅行社与旅游者的旅游合同成立后,该合同的履行主要由俄方地接社来完成,该地接社为合同的履行辅助人。尽管违约是由俄方地接社造成的,但根据合同相对性原则,旅游者的损失应当由旅行社来承担。本案中,旅行社根据相关的规定向游客作出每人100美元的补偿,旅行社向旅游者承担责任后,可以向俄方追偿。

3. 敬某某不能得到精神损害的赔偿。由于TD旅行社存在违约,敬某某向法院起诉,要求旅行社承担违约责任并赔偿其精神损失,该诉讼为违约之诉。在我国,合同违约本身不足以成为精神赔偿的法律依据,因此法院驳回敬某某主张精神损害赔偿的诉讼合理合法。

第八章

旅游饭店法律制度

本章提要

旅游饭店是旅游业的三大支柱行业之一。饭店法规是旅游法的重要组成部分。主要包括饭店的权利与义务、星级评定制度、治安管理制度、娱乐场所管理规定等内容。通过学习本章，应了解旅游饭店星级评定制度，熟悉饭店和旅客的权利义务，掌握饭店治安管理制度。

学习重点

- 饭店的含义；
- 旅游饭店星级评定制度；
- 旅游饭店的权利义务；
- 旅客的权利义务；
- 旅馆业治安管理制度。

第一节 旅游饭店的星级划分和评定

一、旅游饭店

旅游饭店是指以间(套)夜为单位出租客房，以住宿服务为主，并提供商务、会议、休闲、度假等相应服务的住宿设施，按不同习惯可能也被称为宾馆、酒店、旅馆、旅社、宾舍、度假村、俱乐部、大厦、中心等。

二、星级评定制度概况

饭店是大众外出旅游、度假、商务必不可少的服务产品，旅游饭店是旅游业的三大支柱行业之一，是吃、住、行、游、购、娱等旅游六要素中的主要供应者。改革开放之前，我国饭店业普遍存在管理落后、设施陈旧、服务欠缺的通病。改革开放后，为了快速扭转这样的局面，与国际饭店业接轨，我国引进了国际上通行的饭店星级评定制度。国家先后发布并修订了5个饭店星级评定标准，除了第一个为行业标准外，其余4个均为国家标准。2010年10月，国家质量监督检验检疫总局、国家标准化管理委员会发布了《旅游饭店星级的划分与评定》(GB/T 14308—2010)。

三、星级的划分及标志

用星的数量和颜色来表示旅游饭店的星级。星级分为五个级别，即一星级、二星级、三星级、四星级、五星级(含白金五星级)。最低为一星级，最高为五星级，星级越高，表示饭店的等级越高。星级标志由长城与五角星图案构成，用一颗五角星表示一星级，两颗五角星表示二星级,三颗五角星表示三星级,四颗五角星表示四星级,五颗五角星表示五星级,五颗白金五角星表示白金五星级。

一星级属于适用饭店,代表适合大众消费的最基本的住宿设施,只需要达到安全、卫生即可。二星级饭店属于经济饭店,代表大众经济型消费的住宿设施,除了要求达到安全、卫生等基本条件外,还对饭店的便利性提出了要求。三星级饭店属于中档饭店,代表饭店软硬件适中,有一定的档次但不苛求,强调饭店的规范性和舒适性。一星级、二星级、三星级饭店的共同特点是有限服务饭店,特别关注饭店住宿产品。四星级饭店属于高档饭店,代表较高的软硬件配备和服务,不论是饭店的建设、管理,还是服务等方面都有明确的要求,讲究饭店的主体效果。五星级饭店代表硬件设施的豪华和高档,软件服务的全面和精致,注重饭店的文化和旅客的满意度,位于星级饭店群体中的顶峰。四星级和五星级(含白金五星级)饭店是完全服务饭店,全方位关注饭店的产品和服务。

四、星级评定总则

(一)饭店星级评定采取主动申报制

饭店星级评定虽然有国家评定标准,但这个标准是推荐性标准,而不是强制性标准。饭店星级评定采取主动申报制,是否参加星级评定,由饭店自行决定。

(二)饭店星级的评定条件

饭店星级评定条件由必备项目、设施设备和饭店运营质量三部分组成。必备项目是参评星级饭店的首要条件,各个星级设立相应的服务项目,如果必备项目缺项,或者硬件设施和服务项目不达标,一票否决,该饭店就不能参加星级评定。

设施设备总分 600 分,一星级、二星级饭店不作要求;三星级、四星级、五星级饭店规定最低得分线:三星级 220 分,四星级 320 分,五星级 420 分。

饭店营运质量总分 600 分,饭店营运质量的评价内容分为总体要求、前厅、客房、餐饮、其他、公共及后台区域等 6 个大项,评分时按"优"、"良"、"中"、"差"打分并计算得分率。公式为:

$$得分率 = \frac{该项实际得分}{该项标准总分} \times 100\%$$

一星级、二星级饭店不作要求;三星级、四星级、五星级饭店规定得分率:三星级 70%,四星级 80%,五星级 85%。

(三)符合相关法律规定

星级饭店的建筑、附属设施设备、服务项目和运行管理应符合国家现行的安全、消防、卫生、环境、劳动合同等有关法律、法规和标准的规定与要求。

(四)绿色理念

倡导绿色设计、清洁生产、节能减排、绿色消费的理念。

(五)应急处置

星级饭店应增强突发事件应急处置能力,突发事件处置的应急预案应作为各星级饭店的必备条件。评定星级后,如饭店营运中发生重大安全责任事故,所属星级将被立即取消,相应星级标志不能继续使用。

(六)整体评估

评定星级时不应因为某一区域所有权或者经营权的分离,或因为建筑物的分隔而区别对待,饭店内所有区域应达到同一星级的质量标准和管理要求。

(七)时效规定

饭店开业1年后可申请评定星级,经相应星级评定机构评定后,星级标志有效期为三年。三年期满后应进行重新评定。

(八)服务质量总体要求

包括服务基本原则、服务基本要求、管理要求、安全管理要求等。

五、《旅游饭店星级的划分与评定》实施办法

为了便于该标准的推进和落实,增强饭店星级评定与复核工作的规范性和科学性,国家旅游局制定了实施办法。主要内容如下。

(一)星级评定的组织机构和责任

1. 全国星评委的机构和责任

国家旅游局设全国旅游星级饭店评定委员会(以下简称为"全国星评委"),统筹负责全国旅游饭店星评工作。其主要职责和权限如下:

(1)执行饭店星级评定工作的实施办法。

(2)授权和督导地方旅游饭店星级评定机构的星级评定和复核工作。

(3)对地方旅游饭店星级评定机构违反规定所评定和复核的结果拥有否决权。

(4)实施或组织实施对五星级饭店的星级评定和复核工作。

(5)统一制作和核发星级饭店的证书、标志牌。

(6)按照《饭店星评员章程》要求聘任国家级星评员,监管其工作。

(7)负责国家级星评员的培训工作。

2. 省级星评委的机构和责任

各省、自治区、直辖市旅游局设省级旅游星级饭店评定委员会(简称"省级星评委")。省级星评委报全国星评委备案后,根据全国星评委的授权开展星评和复核工作。其主要职责如下:

(1)负责并督导本省内各旅游饭店星级评定机构的工作。

(2)对本省副省级城市、地级市(地区、州、盟)及下一级星级评定机构违反规定所评定的结果拥有否决权。

(3)实施或组织实施本省四星级饭店的星级评定和复核工作。

(4)向全国星评委推荐五星级饭店并严格把关。

3. 地区星评委的机构和责任

副省级城市、地级市(地区、州、盟)旅游局设地区旅游星级饭店评定委员会(简称"地区星

评委")。地区星评委在省级星评委的指导下,参照省级星评委的模式组建。其主要职责如下:

(1) 负责本地区星级评定机构的工作。

(2) 按照《饭店星评员章程》要求聘任地市级星评员,实施或组织实施本地区三星级及以下饭店的星级评定和复核工作。

(3) 向省级星评委推荐四、五星级饭店。

(二)星级申报及标志使用要求

(1) 饭店星级评定遵循企业自愿申报的原则。

(2) 凡在中华人民共和国境内正式营业一年以上的旅游饭店,均可申请星级评定。经评定达到相应星级标准的饭店,由全国旅游饭店星级评定机构颁发相应的星级证书和标志牌。星级标志的有效期为三年。

(3) 饭店星级标志应置于饭店前厅最明显位置,接受公众监督。饭店星级标志已在国家工商行政管理总局商标局登记注册为证明商标,其使用要求必须严格按照《星级饭店图形证明商标使用管理规则》执行。任何单位或个人未经授权或认可,不得擅自制作和使用。同时,任何饭店以"准×星"、"超×星"或者"相当于×星"等作为宣传手段的行为均属违法行为。

(4) 饭店星级证书和标志牌由全国星评委统一制作、核发。标志牌工本费按照国家相关部门批准的标准收取。

(5) 每块星级标志牌上的编号,与相应的星级饭店证书号一致。每家星级饭店原则上只可申领一块星级标志牌。

(三)星级评定的标准和基本要求

(1) 饭店星级评定依据《旅游饭店星级的划分及评定》进行,具体要求如下:

①《旅游饭店星级的划分及评定》附录A"必备项目检查表"。该表规定了各星级必须具备的硬件设施和服务项目。要求相应星级的每个项目都必须达标,缺一不可。

②《旅游饭店星级的划分及评定》附录B"设施设备评分表"(硬件表,共600分)。该表主要是对饭店硬件设施的档次进行评价打分。三、四、五星级规定最低得分线:三星220分、四星320分、五星420分;一、二星级不作要求。

③《旅游饭店星级的划分及评定》附录C"饭店运营质量评价表"(软件表,共600分)。该表主要是评价饭店的"软件",包括对饭店各项服务的基本流程、设施维护保养和清洁卫生方面的评价。三、四、五星级规定最低得分率:三星70%、四星80%、五星85%;一、二星级不作要求。

(2) 申请星级评定的饭店,如达不到要求及最低分数或得分率,则不能取得所申请的星级。

(3) 星级饭店强调整体性,评定星级时不能因为某一区域所有权或经营权的分离,或因为建筑物的分隔而区别对待。饭店内所有区域应达到同一星级的质量标准和管理要求。否则,星评委对饭店所申请星级不予批准。

(4) 饭店取得星级后,因改造发生建筑规格、设施设备和服务项目的变化,关闭或取消原有设施设备、服务功能或项目,导致达不到原星级标准的,必须向相应级别星评委申报,接受复核或重新评定。否则,相应级别星评委应收回该饭店的星级证书和标志牌。

（四）星级评定程序和执行

五星级饭店的评定程序是：①申请；②推荐；③审查与公示；④旅客满意度调查；⑤国家级星评员检查；⑥审核；⑦批复；⑧申诉；⑨抽查。

其余一星级到四星级饭店的评定程序，各级星评委应严格按照相应职责和权限，参照五星级饭店评定程序执行。

（五）星级复核及处理制度

星级复核分为年度复核和三年期满的评定性复核。年度复核工作由饭店对照星级标准自查自纠、并将自查结果报告相应级别星评委，相应级别星评委根据自查结果进行抽查。

对复核结果达不到相应标准的星级饭店，相应级别星评委根据情节轻重给予限期整改、取消星级的处理，并公布处理结果。对于取消星级的饭店，应将其星级证书和星级标志牌收回。

第二节 旅游饭店经营规范

一、旅游饭店的权利义务

（一）饭店的权利

1. 饭店有权向旅客收取各种消费费用

这是旅游饭店的首要权利。旅游饭店作为企业，经营的目的就是获取最大的经营利润。只要饭店经营过程中明码标价，就有权利按照旅客的实际消费收取全额的服务费用，旅客也有支付服务费的义务。假如旅客以饭店服务质量有问题等理由拒绝支付服务费，饭店除了和旅客协商外，还可以通过民事诉讼等手段，维护自己的合法权益。

2. 饭店有权要求旅客在饭店内的行为符合法律法规的规定

旅客在旅游饭店消费，其身份就是消费者，旅客的言行举止必须遵守我国法律法规的规定，同时必须受到我国公序良俗的约束。旅客不得在旅游饭店从事吸毒、贩毒、卖淫嫖娼、赌博等活动，如果旅客在饭店从事这些行为，旅游饭店必须予以制止，或者直接向公安机关报告。

3. 饭店有权要求旅客不得损害饭店的利益

在饭店服务中，饭店和旅客具有平等的民事地位，法律对旅客和旅游饭店合法权益给予同等的保护。如果旅客的行为导致旅游饭店的利益受损，如旅客就餐时打碎了餐具，旅客应当按照实际损失给予饭店全额赔偿，不能因为消费者的身份而免除其赔偿的义务。

4. 饭店有权要求旅客不得损害饭店从业人员的合法权益

在饭店服务中，作为服务者的饭店从业人员，和接受服务的旅客仅仅是社会角色不同，和地位的高低没有关系，两者的法律地位平等，从业人员的合法权益同样受到法律的保护。旅客在享受饭店提供的服务时，不能损害饭店从业人员的合法权益，否则也要承担相应的法律责任。

（二）饭店的义务

1. 保障旅客的人身财产安全

保障旅客的人身财产安全是饭店的法定义务，也是饭店的首要义务。在旅客接受服务期间,饭店必须保证其设施设备和服务符合国家标准和行业标准,履行相关的告知义务,提醒旅客正确使用饭店设施,消除安全隐患,并采取有效措施,防止损害的发生及损害的扩大。

2. 向旅客提供约定的服务

旅客到饭店消费,就意味着饭店和旅客确立了合同关系,按照《合同法》《旅游法》的规定,按照约定为旅客提供服务是饭店的义务。饭店如果不能提供约定的服务,或者提供的服务与约定不符,就必须采取措施减轻旅客的损失,并承担违约责任。

3. 所提供的商品和服务要明码标价,并且要出具发票

按照《消费者权益保护法》《价格法》以及《旅游法》的规定,旅游饭店提供的商品或服务,首先应当明码标价,注明商品的品名、产地、规格、等级、计价单位、价格或者服务的项目、收费标准等有关情况;其次应当按照国家有关规定向旅客出具购货凭证或者服务单据。

4. 尊重和保障旅客的隐私

在旅客住宿饭店期间,客房的使用权归属旅客所有,除了工作需要或者特殊情况下,没有旅客的允许,旅游饭店从业人员不得进入客房。同时,旅游饭店服务人员,特别是前台的服务人员要为旅客的个人信息保密,不得将旅客信息告知他人,更不能将旅客信息用作商业用途。

5. 要履行先合同义务和后合同义务

就是在某些特定的情况下,尽管尚未与旅客确立住宿服务合同关系,旅游饭店对旅客仍然必须承担一些特定的合同义务;或者饭店与旅客已经终止了住宿服务合同关系,旅游饭店仍然必须承担特定的合同义务。饭店如果违反了先合同义务或者后合同义务,仍然应当承担赔偿责任。

二、旅客的权利义务

(一)旅客的权利

1. 安全保障权

旅客在饭店购买、使用商品和接受服务时,享有人身、财产安全不受损害的权利。旅客有权要求旅游饭店提供的商品和服务符合保障人身、财产安全的要求。这项规定与旅游饭店的保障安全义务相辅相成。

2. 知悉真情权

旅客享有知悉其在饭店购买、使用的商品或者接受的服务的真实情况的权利。旅客有权根据商品或者服务的不同情况,要求旅游饭店提供商品的价格、产地、生产者、用途、性能、规格、等级、使用方法说明书、售后服务等有关情况。

3. 自主选择权

旅客在旅游饭店享有自主选择商品或者服务的权利。旅客有权自主选择提供商品或者服务的旅游饭店,自主选择商品品种或者服务方式,自主决定购买或者不购买任何一种商品、接受或者不接受任何一项服务。

4. 公平交易权

旅客享有公平交易的权利。旅客在旅游饭店购买商品或者接受服务时,有权获得质量保障、价格合理、计量正确等公平交易条件,有权拒绝旅游饭店的强制交易行为。

5. 获得赔偿权

旅客在饭店因购买、使用商品或者接受服务受到人身、财产损害的,享有依法获得赔偿的权利。旅客根据受损程度和性质,在与饭店协商、向有关部门投诉没有达成协议的同时,旅客也可以提起民事诉讼。

6. 维护尊严权

旅客在饭店购买、使用商品和接受服务时,享有其人格尊严、民族风俗习惯得到尊重的权利。饭店的服务不能因为民族、种族、宗教、性别等因素,对不同的旅客提供不同的服务,更不能歧视某一类别的旅客。

(二)旅客的义务

1. 如实登记

旅客如实登记,既是我国公安机关的要求,也是旅客和饭店建立住宿服务合同关系的必要环节。旅客在登记时,首先要提供合法的证件,其次是按照要求逐项如实登记。

2. 支付服务费用

旅客在享受服务的同时,必须向饭店支付费用,这是住宿服务合同规定的旅客的义务。只要饭店按照合同约定向旅客提供了服务,旅客就有义务足额支付服务费用,拒绝支付服务费用是违约的表现。

3. 赔偿饭店的损失

作为合同一方当事人,虽然有获得服务的权利,但不得损害饭店的合法权益。如果旅客的行为给饭店或者饭店的从业人员造成损失,如损坏旅游饭店的设施设备,或者伤害了从业人员的人身权,旅客应当承担赔偿责任。

4. 遵守法律和公序良俗

遵守国家法律和公序良俗,贯穿于每一个公民的日常工作和生活中,旅客在饭店消费时同样如此。如果旅客不遵守法律或者公序良俗,饭店可以拒绝为旅客提供服务,并向有关部门进行举报。

第三节 旅游饭店治安管理规范

2011年1月8日,国务院颁布了《旅馆业治安管理办法》(简称《办法》)(国务院第588号令),对于旅馆业的治安管理作出了明确的规定。旅游饭店仅仅是旅馆业的一个组成部分,该规定对于旅游饭店的治安管理同样适用。

一、旅游饭店治安管理的义务

(一)合法经营的义务

申请开办旅馆饭店,应经主管部门审查批准,经当地公安机关签署意见,向工商行政管理部门申请登记,领取营业执照后,方准开业。

(二)保障旅客人身财产安全义务

经营旅馆饭店,必须遵守国家的法律,建立各项安全管理制度,设置治安保卫组织或者指定安全保卫人员。旅馆法定代表人或者主要负责人为治安责任人,首先要树立安全意识,根据相关规定,建立起本旅馆的安全管理制度;其次要组织员工学习各项安全制度,提升全体员工的安全意识;再次是建立健全组织机构,落实安全保卫人员,把安全工作贯彻落实到旅馆的日常工作中。

(三)住宿登记义务

旅馆饭店接待旅客住宿必须登记。登记时,应当查验旅客的身份证件,按规定的项目如实登记。接待境外旅客住宿,还应当在 24 小时内向当地公安机关报送住宿登记表。

(1)验证登记。对入住饭店的旅客,要严格检验其有效证件,做到人证相符,登记内容齐全、准确不漏登、错登,旅客入住、退宿登记率达到 100%。国内旅客住宿,应凭居民身份证、临时身份证、或者军官证、武警警官证、士兵证等。无以上证件的,可以凭有照片的户籍证明、机动车驾驶证等有效身份证件进行登记。外国人、港澳台同胞可凭护照,台湾居民还可凭来往大陆通行证,港澳居民还可凭来往内地通行证等有效证件进行登记。

(2)登记内容。住宿旅客应如实填写本人姓名、户籍地址、身份证件种类及号码。查验核对无误后,应当在登记表中注明旅客入住时间、房间号码,并在规定的时间内将住宿人员的上述信息及照片信息录入旅馆业治安管理信息系统;旅客退房时,旅馆应当及时将旅客退房时间录入系统。

(四)贵重物品寄存义务

旅馆饭店应当设置旅客财物保管箱、柜或者保管室、保险柜,指定专人负责保管工作。对旅客寄存的财物,要建立登记、领取和交接制度。

旅馆饭店应专门设置免费的旅客财务保管箱、保险柜或保管室,并专人负责对寄存物品的检查、登记。

饭店的贵重物品寄存义务的意义在于,旅行社在安排旅客住宿时,应当明确告知旅客,在住宿期间可以选择将贵重物品交由饭店保管,以确保贵重物品的安全。如果旅客要求饭店提供贵重物品保管服务,而饭店无法提供该服务,导致旅客贵重物品的被盗或者灭失,饭店应当就此承担一定的赔偿责任。

(五)妥善处置遗留物品义务

旅馆饭店对旅客遗留的物品,应当妥为保管,设法归还原主或及时招领;经招领 3 个月后无人认领的,要登记造册,送当地公安机关按拾遗物品处理。对违禁物品和可疑物品,应当及时报告公安机关处理。

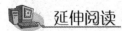
延伸阅读

客人遗留物的处置

在旅游行程中,旅行社和旅客经常会为行李物品遗失而烦恼。如果旅馆能够有完善的制度,严格的管理,及时发现旅客遗留物品,交还给旅客,既可以减少旅客的损失,也可以为旅馆树立信誉。至于发现违禁物品和可疑物品，旅馆工作人员应当提高警惕，在第一时间向公安机关报告，由公安机关妥善处置。

二、旅客的义务

作为消费者，旅客在住宿旅馆的过程中，不仅仅可以享受各项服务，同时还必须履行相关的义务。如果旅客在旅馆住宿期间，不履行相关的义务，给旅馆或者社会造成损失或者危害，轻则承担民事责任，重则承担行政责任乃至刑事责任。[①]

（1）严禁旅客将易燃、易爆、剧毒、腐蚀性和放射性等危险物品带入旅馆。

旅馆是人流较为密集的公共场所，尤其是在旅游旺季期间。假如旅客在旅馆住宿时，携带上述危险品进入旅馆，不仅可能危及旅客自身人身财产的安全，也会给其他旅客、旅馆带来安全隐患。旅行社在组织旅游团队时，要事先告知旅客，旅游期间不得携带上述危险品；在旅游期间如果发现旅客已经携带了危险品，就要按照有关规定进行处置，并向有关部门报告，及时消除安全隐患，保证旅游行程顺利开展。

（2）旅馆内，严禁卖淫、嫖宿、赌博、吸毒、传播淫秽物品等违法犯罪活动。

我国法律明确规定，卖淫、嫖宿、赌博、吸毒、传播淫秽物品等行为，既违反了公序良俗，更属于违法犯罪。首先，旅馆不得为违法犯罪提供场所，也不能为违法犯罪提供方便，更不能与违法犯罪嫌疑人内外勾结，从中牟利；其次，旅馆要及时制止在旅馆内的各种违法犯罪行为，不能听之任之，经劝阻仍然无效的，应当向当地公安机关报告。

（3）旅馆内，不得酗酒滋事、大声喧哗，影响他人休息，旅客不得私自留客住宿或者转让床位。

该规定包含多方面的内容：首先，文明消费的话题。文明出行、文明旅游、文明消费已经成为国人最热门的话题之一。在旅馆住宿期间，旅客保持安静，不打扰他人已经成为基本共识。其次，"酗酒滋事、大声喧哗"不仅违反民事法律规定，也违反行政法律规定，甚至会引发更为严重的后果。最后，旅客私自留客住宿或者转让床位，不仅违反了本法条的规定，也不符合民事法律规定，对纠纷处理带来不利后果。

三、娱乐场所的管理

在饭店内开办娱乐场所的，除执行《旅馆业治安管理办法》的有关规定外，还应当遵照国务院《娱乐场所管理条例》的规定。

（一）开办管理

设立娱乐场所，应当向所在地县级人民政府文化主管部门提出申请；设立中外合资经营、中外合作经营的娱乐场所，应当向所在地省、自治区、直辖市人民政府文化主管部门提出申请。

申请人取得娱乐经营许可证和有关消防、卫生、环境保护的批准文件后，方可到工商行政管理部门依法办理登记手续，领取营业执照。娱乐场所取得营业执照后，应当在15日内向所

[①] 虽然《办法》只是规定了旅客的义务，但作为旅游活动的组织者，旅行社在组织旅游团队和旅游行程中，应当事先告知旅客在旅馆住宿时的相关义务，以免在行程中产生纠纷和矛盾。本节论述的旅客义务，是行政法层面的要求，即有关行政部门对于旅客的要求，第四节《旅游饭店经营规范》论述的旅客义务，是民法层面的要求，即作为平等民事主体必须履行的义务，两种义务性质不同。

在地县级公安部门备案。

（二）经营规定

1. 国家倡导弘扬民族优秀文化,禁止娱乐场所内的娱乐活动含有下列内容

（1）违反宪法确定的基本原则的。

（2）危害国家统一、主权或者领土完整的。

（3）危害国家安全,或者损害国家荣誉、利益的。

（4）煽动民族仇恨、民族歧视,伤害民族感情或者侵害民族风俗、习惯,破坏民族团结的。

（5）违反国家宗教政策,宣扬邪教、迷信的。

（6）宣扬淫秽、赌博、暴力以及与毒品有关的违法犯罪活动,或者教唆犯罪的。

（7）违背社会公德或者民族优秀文化传统的。

（8）侮辱、诽谤他人,侵害他人合法权益的。

（9）法律、行政法规禁止的其他内容。

2. 从业人员和消费者

歌舞娱乐场所不得接纳未成年人。除国家法定节假日外,游艺娱乐场所设置的电子游戏机不得向未成年人提供。

娱乐场所不得招用未成年人;招用外国人的,应当按照国家有关规定为其办理外国人就业许可证。

3. 内容健康,禁止黄赌毒

娱乐场所应当在营业场所的大厅、包厢、包间内的显著位置悬挂含有禁毒、禁赌、禁止卖淫嫖娼等内容的警示标志、未成年人禁入或者限入标志。

4. 安全管理

娱乐场所的法定代表人或者主要负责人应当对娱乐场所的消防安全和其他安全负责。娱乐场所应当确保其建筑、设施符合国家安全标准和消防技术规范,定期检查消防设施状况,并及时维护、更新。

娱乐场所应当制定安全工作方案和应急疏散预案。

营业期间,娱乐场所应当保证疏散通道和安全出口畅通,不得封堵、锁闭疏散通道和安全出口,不得在疏散通道和安全出口设置栅栏等影响疏散的障碍物。

娱乐场所应当在疏散通道和安全出口设置明显指示标志,不得遮挡、覆盖指示标志。

5. 营业时间

每日凌晨2时至上午8时,娱乐场所不得营业。

本 章 练 习

思考题

1. 我国星级饭店分几个等级?
2. 饭店星级评定的原则有哪些?
3. 饭店的权利义务有哪些?

4. 旅客的权利义务有哪些？

案例分析

某四星级饭店在饭店大堂吧的每一张小圆桌上设置一个菜单，标明各类饮料的价格及有关信息，其中标价现磨咖啡每杯50元。郭先生前往该饭店拜访他的朋友，在等候朋友的过程中，郭先生就到大堂吧点了这道现磨咖啡。郭先生在结账时觉得价格太高，拒绝支付咖啡的费用。郭先生向当地价格主管部门投诉时说，根据他自己的经验，20元一杯咖啡就已经足够，该饭店销售50元一杯的咖啡属于暴利行为，希望物价主管部门对该饭店牟取暴利的行为进行查处，并给予他公平的处理结果。

问题

1. 郭先生以饭店暴利为由拒绝支付咖啡费用是否合理？为什么？
2. 物价主管部门是否需要对该饭店进行行政处罚？为什么？

评析

1. 郭先生以饭店暴利为由拒绝支付咖啡费用不合理。根据《价格法》的规定，我国现有的价格类别有政府指导价、政府定价和市场调节价。市场调节价由经营者自主制定，通过市场竞争形成的价格，饭店服务价格属于市场调节价范畴。因此，饭店可以根据自己的经营成本和市场需求，自行确定饭店的商品和服务价格。咖啡价格的确定也是如此。只要饭店明码标价，且没有强迫或者欺骗旅游者消费，饭店的收费就属于合法，不存在暴利的问题。

2. 物价主管部门不需要对该饭店进行行政处罚。饭店将酒水饮料菜单放置在小圆桌上，说明饭店已经履行了明码标价和告知义务。郭先生作为完全民事行为能力人，在饭店消费时首先要查看服务价格，根据自己的承受能力决定是否享用咖啡，以暴利为由拒绝付费并要求处罚饭店显然不妥。饭店服务流程没有瑕疵，服务收费符合《价格法》的规定，价格主管部门不能对饭店进行行政处罚。

第九章

旅游安全法律制度

本章提要

《旅游法》对旅游安全的规定是一种广义的旅游安全范畴,即以旅游经营者安全经营和旅游者安全活动为双核心,规范的对象既包括团体旅游者,也包括自助游旅游者。通过学习本章,了解和掌握旅游安全的相关规定。

学习重点

- 政府在旅游安全中的职责;
- 旅游经营者在旅游安全中的职责;
- 旅游者在旅游安全中的义务。

《旅游法》第六章"旅游安全"是对旅游安全的专门规定。但旅游法关于旅游安全的规定并不限于第六章。旅游法第十二条、第十五条、第三十一条、第三十四条、第四十二条、第四十五条、第四十七条、第五十三条、第五十六条、第六十一条、第六十二条、第六十六条和第七十条等条款,都与旅游安全规范有关,涉及四五个章节,可见《旅游法》对旅游安全的重视。《旅游法》的旅游安全制度是从安全责任主体的角度加以分类规定。安全责任主体分为人民政府、旅游经营者以及旅游者。将旅游者纳入安全责任主体的范围内是旅游法的一个亮点。以往在谈及安全责任时,法律法规比较关注旅游经营者和人民政府的安全责任,但从公平的角度看,旅游者也有义务为自己、为未成年家人的安全负责。

第一节 政府与旅游安全

一、旅游安全职责的主体

《旅游法》第七十六条规定,县级以上人民政府统一负责旅游安全工作。县级以上人民政府有关部门依照法律、法规履行旅游安全监管职责。《旅游法》第七十七条规定,国家建立旅游目的地安全风险提示制度。旅游目的地安全风险提示的级别划分和实施程序,由国务院旅游主管部门会同有关部门制定。从以上法律条文可以看出,旅游安全的政府责任主体是以下三种。

(1) 县级以上人民政府。

(2) 县级以上人民政府相关部门。作为监管旅游安全的相关部门,首先,应该包括旅游主管部门;其次,按照旅游行业复合型的特点应包括安监、公安、消防、交通、卫生、质监、农业、住建、旅游等部门。

(3) 国务院旅游主管部门及有关部门。虽然法条没有明确说明"有关部门"的具体级别,但根据法条前文,我们可以推断这里的有关部门应指与国务院旅游主管部门同级的有关部门。

二、旅游安全职责的内容

(一)旅游目的地安全风险提示制度

旅游目的地安全风险提示制度即由国家识别境内外旅游目的地旅游安全风险的等级,提出旅游出行的建议,并向社会发布相关信息的制度。该制度包括对旅游目的地安全风险提示的级别划分和实施程序。由于该制度涉及对外信息搜集与发布,因其政治、经济的敏感性与复杂性需要由国家层面的政府部门进行制定。

(二)旅游安全监管职责

《旅游法》在第七章旅游监督管理中明确规定政府的旅游安全监管职责主要针对旅游经营者。根据《旅游法》第七十九条,安全监管包括安全生产管理,即旅游经营者是否具备国家法律、法规规定的安全生产条件;从业人员安全管理,即旅游经营者的从业人员是否具备安全常识和技能;旅游产品与服务的安全管理,即旅游经营者生产的旅游产品,提供的旅游服务是否符合国家、行业标准,是否经过合法的检测与评估;安全应急预案,即旅游经营者对突发性安全事件是否建立了应急机制。

(三)旅游安全保障义务

旅游者是旅游活动的主体,其安全保障关系到旅游活动的顺利开展,是旅游安全工作的重中之重,因此,政府对旅游者的安全保障义务是其一项重要工作职责。旅游安全保障义务包括以下两个方面。

(1) 突发事件应急管理机制。《旅游法》第七十八条要求县级以上人民政府及其有关部门应当将旅游安全作为突发事件监测和评估的重要内容,将旅游应急管理纳入政府应急管理体系,制定应急预案,建立旅游突发事件应对机制。

(2) 救援及协助返回义务。《旅游法》第七十八条第二款规定在突发事件发生后,当地人民政府及有关部门和机构应当采取措施开展救援,并协助旅游者返回出发地或者旅游者指定的合理地点。

延伸阅读

九寨沟游客滞留事件的处置

2013年10月2日,九寨沟景区发生严重游客滞留事件。由于当时正值"十一"黄金周,九寨沟游客太多。有些游客在景区内旅游大巴候车点排队等候时间长了,没有坐上景区公交车导致情绪激动,跑出候车点,拥上公路,导致景区交通的运行瘫痪,造成拥堵现象。拥堵达数公里长。

九寨沟管理局协同相关部门迅速启动应急预案:从景区外抽调60余名工作人员、100余名志愿者,对游客开展劝解工作;抽派20名公安干警、20名武警,分赴各候车点维护秩序、疏导交通;从县上抽调20辆摆渡车帮助景区转运游客;将矿泉水、面包等食品分发给部分滞留游客。下午3时20分,游客开始进行疏散。同时,从2013年10月2日晚11时起,有关部门在景区售票处开始组织退票,到凌晨3点已经退票8000余张,部分游客情绪略显激动,但没有出现"打砸攻陷售票处"的情况。2013年10月3日早上6时,管理部门在景区旁边的荷叶迎宾馆开设了7个退票专柜,截至2013年10月3日上午11时已退票1.1万余张。

10月3日下午,九寨沟景区管理局工作人员表示,景区将游客进沟时间提前至凌晨6时,实行分时分段错峰进沟游览。从昨天起,景区每日接纳游客量将限制为景区最大承载量4.1万人。游客可以通过现场购票和网上订票的方式买票,售完为止。

思考题

根据以上延伸阅读材料,请思考九寨沟景区游客滞留事件中政府有关部门哪些做法符合旅游法的规定,哪些违反了旅游法的规定?

第二节 旅游经营者与旅游安全

旅游经营者是旅游活动重要的组织者和参与者。旅游安全工作的具体实施主要依靠旅游经营者完成。因此,旅游经营者是旅游安全工作的具体操作者和重要保障者。旅游经营者主要包括旅行社、景区、高风险旅游项目经营者、住宿、交通等旅游辅助服务的经营者。

一、一般安全责任

一般安全责任是指只要作为旅游经营者就必须承担的安全责任。根据《旅游法》的规定,主要包括以下几种。

(1) 安全保障的义务。《旅游法》第五十条第一款规定,"旅游经营者应当保证其提供的商品和服务符合保障人身、财产安全的要求。"第七十九条规定,"旅游经营者应当严格执行安全生产管理和消防安全管理的法律、法规和国家标准、行业标准,具备相应的安全生产条件,制定旅游者安全保护制度和应急预案。旅游经营者应当对直接为旅游者提供服务的从业人员开展经常性应急救助技能培训,对提供的产品和服务进行安全检验、监测和评估,采取必要措施防止危害发生。旅游经营者组织、接待老年人、未成年人、残疾人等旅游者,应当采取相应的安全保障措施。"

(2) 安全说明和警示义务。《旅游法》第八十条规定,"旅游经营者应当就旅游活动中的下列事项,以明示的方式事先向旅游者作出说明或者警示:①正确使用相关设施、设备的方法;②必要的安全防范和应急措施;③未向旅游者开放的经营、服务场所和设施、设备;④不适宜参加相关活动的群体;⑤可能危及旅游者人身、财产安全的其他情形。"

安全说明和警示义务要求"事先"以"明示"的方式表达给旅游者。事先是指在旅游者开始进行特定旅游活动前,包括旅行开始前或者具体旅游项目开始前。明示在民事法律中是指以积极的、直接的、明确的方式表达其内部意思于外部,包括语言、文字、视听资料等。为了便于在经营过程中固定证据,避免纠纷,旅游经营者最好采取书面等明示表达方式,如旅行社在旅游合同中载明,景区在售票处或景点游览处公示,都可以达到良好的表达效果。

(3) 事中管理责任。要求旅游经营者遵守相关安全制度,对产品和服务进行检验、检测、评估,对一线从业人员开展经常性应急救助技能培训,对老年人等特殊群体予以特殊保护等。

(4) 事后处置义务。《旅游法》第八十一条规定,"突发事件或者旅游安全事故发生后,旅游经营者应当立即采取必要的救助和处置措施,依法履行报告义务,并对旅游者作出妥善安排。"这是关于旅游安全救助、处置和报告义务的规定。所谓"立即处理",是指旅游安全事故发生后,旅游经营者在知道或应该知道该事件后及时进行事故处理工作。"必要的"指在旅游经营者的能力范围内采取救助和处置措施。《旅游法》只要求旅游经营者尽到自己能力范围内的最大努力,并不从事故处理的实际效果来判断旅游经营者是否履行了处置义务。

二、特殊安全责任

特殊安全责任由特定旅游经营者承担。由于特定旅游经营者的经营行为会带来额外的旅游安全风险,所以需要对这些特定旅游经营者规定特殊的安全责任。

(1)高风险旅游经营者。《旅游法》第四十七条规定,"经营高空、高速、水上、潜水、探险等高风险旅游项目,应当按照国家有关规定取得经营许可。"

(2)景区。《旅游法》第四十二条将具有必要的安全设施及制度,经过安全风险评估,满足安全条件作为旅游景区开放的重要条件。在第四十五条中规定了景区接待旅游者不得超过景区主管部门核定的最大承载量。

(3)旅游客运经营者。《旅游法》第五十三条规定,"从事道路旅游客运的经营者应当遵守道路客运安全管理的各项制度,并在车辆显著位置明示道路旅游客运专用标识,在车厢内显著位置公示经营者和驾驶人信息、道路运输管理机构监督电话等事项。"

(4)旅行社。一是事先告知义务。《旅游法》第六十二条规定,在订立包价旅游合同时,旅行社应当向旅游者告知包括旅游者不适合参加旅游活动的情形和旅游活动中的安全注意事项等法定事项。二是安全提示、救助义务。《旅游法》第七十条规定,"旅游者自行安排活动期间旅行社应当承担的责任,即旅行社未尽到安全提示、救助义务的,应对旅游者担责。"三是不可抗力的安全救助义务。《旅游法》第六十七条规定,"因不可抗力或者旅行社、履行辅助人已尽合理注意义务仍不能避免的事件,影响旅游行程,危及旅游者人身、财产安全的,旅行社应当采取相应的安全措施,因此支出的费用,由旅行社与旅游者分担。"

三、旅游保险责任

《旅游法》第五十六条规定,"国家根据旅游活动的风险程度,对旅行社、住宿、旅游交通以及本法第四十七条规定的高风险旅游项目等经营者实施责任保险制度。"第六十一条规定,"旅行社应当提示参加团队旅游的旅游者按照规定投保人身意外伤害保险。"

(1)旅游责任保险。《旅游法》对住宿、高风险旅游项目等经营者投保责任险,是新的法律要求。住宿场所一旦发生旅游安全事故往往会造成群死群伤的严重后果,高风险旅游项目发生事故的概率较高,为了切实保护旅游者和旅游经营者的权益,需要通过保险的方式转嫁风险。

(2)旅行社对旅游者投保意外险的提示义务。人身意外伤害保险,是指投保人向保险公司缴纳一定金额的保费,当被保险人在保险期限内遭受意外伤害,并以此为直接原因造成死亡或残废时,保险公司按照保险合同的约定向保险人或受益人支付一定数量保险金的一种保险。旅行社有义务向参加团队旅游的旅游者提示投保人身意外险。

第三节 旅游者与旅游安全

旅游者作为旅游活动中的主体,其安全是旅游活动顺利开展的保证。《旅游法》第二章专门就旅游者在旅游中的权利、义务进行了明确规定,其中就包括旅游者在旅游安全方面所享受的权利和应承担的义务。

一、旅游者的安全保障权利

(1) 救助保护请求权。《旅游法》第十二条规定,"旅游者在人身、财产安全遇有危险时,有请求救助和保护的权利。"第八十二条第一款规定,"旅游者在人身、财产安全遇有危险时,有权请求旅游经营者、当地政府和相关机构进行及时救助。"这一款提到的相关机构,主要指社会团体、社会救援机构等。

(2) 信息知悉权。《旅游法》第九条规定,旅游者有权知悉其购买的旅游产品和服务的真实情况。这里的真实情况也包括安全方面的真实情况。如旅游产品质量是否符合安全检测标准,旅游景区是否具备安全设备、设施和机制等。相关旅游经营者应在旅游产品及旅游场所醒目处对相关情况进行公示。

二、旅游者的旅游安全义务

《旅游法》的核心价值追求的是保护旅游者的权利,但也规定了一些旅游者的义务,其中就有旅游安全义务。毕竟旅游的安全仅仅靠旅游经营者一方是不够的,很多时候旅游者自身的疏忽大意,或者不遵守相关规定、不听从合理的指挥,也会引发安全事故。

(一) 遵守相关规定

现实中旅游事故的发生除了旅游经营者、政府有关部门需承担责任外,也有旅游者不当行为的因素。如旅游者不遵守旅游经营者、政府有关部门的规章制度,擅自行动而导致安全事故的发生。因此,在旅行过程中,旅游者有义务约束自己的行为,遵守相关规定。根据《旅游法》第十三条,"相关规定不仅包括法律法规,还包括社会公共秩序和社会公德,当地的风俗习惯、文化传统和宗教信仰,旅游文明行为规范等。"

(二) 服从相关安排

《旅游法》第十五条规定,"旅游者购买、接受旅游服务时,应当遵守旅游活动中的安全警示规定。"旅游者对国家应对重大突发事件暂时限制旅游活动的措施以及有关部门、机构或者旅游经营者采取的安全防范和应急处置措施,应当予以配合。旅游者违反安全警示规定,或者对国家应对重大突发事件暂时限制旅游活动的措施、安全防范和应急处置措施不予配合的,依法承担相应责任。

(三) 尊重他人权益

现实中旅游事故的发生有些是旅游者故意侵犯他人权益导致的。如2012年就曾发生某游客进入少数民族聚居的风景区游玩,因觉得少数民族少女穿戴奇特,做出不礼貌的行为,导致游客和当地少数民族的打架事件,造成多人受伤。这起旅游安全事故就是因为游客侵犯他人合法权益的行为导致的。特别是在处理旅游纠纷时,旅游者容易因情绪激动产生过激行为,导致不必要的损伤,引发旅游安全事故。因此,《旅游法》第十四条规定,"旅游者在旅游活动中或者在解决纠纷时,不得损害当地居民的合法权益,不得干扰他人的旅游活动,不得损害旅游经营者和旅游从业人员的合法权益。"

（四）申报特定健康信息

《旅游法》第十五条规定，"旅游者购买、接受旅游服务时，应当向旅游经营者如实告知与旅游活动相关的个人健康信息。如果由于旅游者未告知个人健康信息而导致旅游安全事故发生，旅游经营者适当减轻相应的责任。"

（五）承担费用的义务

旅游者接受相关组织或者机构的救助后，应当支付应由个人承担的费用。

本 章 练 习

思考题

1. 旅游经营者在旅游安全方面有哪些义务？
2. 旅游者在旅游安全方面有哪些义务？

案例分析

2006年7月16日，81岁的阙某某参加某旅行社组织的黄山二日游。当日中午，阙某某一行游客26人到达黄山。由于受到台风"碧利斯"的影响，黄山虽未封山，但景区内的索道缆车已关闭停开，游客只能徒步登上黄山，导游遂带领阙某某在内的26人于当日下午2时左右从云谷寺开始步行登山。下午5时许，阙某某在登至黄山白鹅岭（景点）至孔雀松（景点）之间的石阶路时突然摔倒在地，不省人事。导游立即拨打报警电话求救，一段时间后，接诊的医疗急救人员赶到事发现场对阙某某采取抢救措施，但经抢救无效，宣告其死亡。随后，黄山风景区管委会机关门诊部出具的死亡证明对阙某某的死因表述为"猝死"。7月25日，阙某某家属申请法医对阙某某的遗体进行了尸表检验，但未进行进一步的死因检查。

死者家属到法院起诉，要求旅行社赔偿各项损失合计367241.5元。案件经过了一审、二审的程序。

二审法院认为，首先，从本案事实来看，事发当天存在着危及游客人身安全的诸多因素：由于受台风"碧利斯"的影响，黄山景区风雨交加，气候条件较为恶劣；此时上山的索道缆车也被迫关闭，游客不得不冒着风雨徒步攀登；而众所周知黄山山势较高，路远陡滑，游客体力势必透支较快。因此，在此种危险情况下，作为本次旅游活动组织者的旅行社应当履行其负有的告知和警示义务，并制定周密的应急方案和措施，以防范安全事故的发生。特别是本案中阙某某已是81岁高龄的老年人，旅行社作为提供有偿旅游服务活动的经营者，同意阙某某参团旅游，自愿与其协商设立旅游服务合同法律关系，也就意味着其自愿接受了因此可能带来的风险责任，其本应结合阙某某自身的生理和心理特点，制定和采取更为周到细致的服务和防范应急措施。但现无证据证实旅行社已经切实履行了前述法律规定的义务，其因疏忽大意的过失行为与阙某某的死亡结果之间存有相当的因果关系，依法应对阙某某的死亡后果承担相应的责任。

其次，阙某某应当明知自己已逾八十，存在年老体弱、体力下降等客观事实，仍然在没有亲属的陪同下，独自参团出省旅游，显然是过于自信，缺乏对自身体力状况、适应能力的准确判断；而且也未见其采取必要的自我保护措施，为本次死亡事件的发生埋下了安全隐患，故其应对此承担一定的责任。

最后,综合考量当事人双方的过错程度,以及与阙某某死亡后果之间的原因力大小,由于旅行社没有切实履行法律、行政法规规定之义务,是导致游客阙某某死亡的主要原因,其应对阙某某死亡所造成的损失承担70%的赔偿责任;而阙某某由于自身亦有一定过错,可以相应减轻旅行社的赔偿责任,自负30%的责任。

二审法院认定,因阙某某死亡而给家属所造成的损失为317241.5元,判决旅行社承担70%的赔偿责任,共计222069元。

问题

1. 导游带领阙某某上山是否妥当?
2. 旅行社对于阙某某的死亡是否应承担责任?

评析

旅行社接受老年游客,特别是高龄老者报名旅游时,务必充分考虑老年人在行程中突发疾病或其他意外的可能,务必充分考虑其产品的合适性,同时务必明确告知其不适合参加某旅游项目的身体或疾病情况。如旅行社接纳这样的游客,也就意味着它将承担相应的风险,并应履行相应的注意义务和安全保障义务。针对不适合参加某种旅游项目的老年游客,旅行社应当充分告知相应的风险,明确建议其不参加,在某些情况下,甚至可以直接拒绝其参加,也不会构成消费歧视。

此外,在行程中,如遇有特殊情况,则需要导游自行提高注意,其所扮演的是专业服务人员的角色,针对某些情况,应当比一般人具有更高的判断能力。因此,导游应在特殊情况下果断采取相应措施。比如本案,在需要徒步登黄山的情况下,导游应以书面形式,明确建议甚至拒绝老人登山,并给予妥善安排。

第十章

出境入境管理法律制度

本章提要

以立法形式规定出入国境的管理制度及其相关制度,是国家在国际交往中行使主权的表现,事关国家主权、安全和社会秩序。我国新的出入境管理法更突出权益保护的理念,将"保护中国公民出境入境合法权益"、"在中国境内的外国人的合法权益受法律保护"作为立法的基本原则,在立法理念上实现了从强调管理到服务与管理并重的重大转变。

通过学习本章,应了解和熟悉出入境管理的基本法律制度,掌握中国公民与外国人出境入境规范和外国人停留居留规范,以及出境入境边防检查和卫生检疫法律制度等内容。

学习重点

- 中国公民出境受限制的情形;
- 外国人在中国境内居留停留的规定;
- 外国人出境入境受限制的情形;
- 对外国人的调查与遣送;
- 与外国人入境出境、停留、居留有关的法律责任;
- 出境入境人员的义务;
- 行李物品的检查;
- 人员、物品的检疫及传染病的监测。

自 20 世纪 80 年代初国务院批准开展港澳游以来,经过三十余年的发展,我国国际旅游与出国(境)旅游事业蓬勃发展。以立法形式规定出入国境管理制度及其相关制度,是国家在国际交往中行使主权的表现,事关国家主权、安全和社会秩序。我国的出入境管理法律制度并不是专门为旅游业制定的,但旅游行业必须遵守此类法律制度,特别是对那些经营入境旅游接待、出境旅游组团的旅行社来说,出入境管理法律规范尤其具有实际意义。多年来,由《中华人民共和国外国人入境出境管理法》及《中华人民共和国外国人入境出境管理法实施细则》、《中华人民共和国公民出境入境管理法》及《中华人民共和国公民出境入境管理法实施细则》、《中华人民共和国护照法》(以下简称《护照法》)、国务院常委通过的《中华人民共和国出境入境边防检查条例》(以下简称《边防检查条例》)、全国人大常委会通过的《中华人民共和国国境卫生检疫法》(以下简称《卫生检疫法》)等,构成了我国出入境管理法律制度的主体。

近年来,我国有关出入境管理的立法发生了重大变化。2012 年 6 月 30 日,全国人大常委会通过了《中华人民共和国出境入境管理法》(以下简称《出境入境管理法》)共 8 章 93 条。新的《出境入境管理法》自 2013 年 7 月 1 日起施行,《中华人民共和国外国人入境出境管理法》和《中华人民共和国公民出境入境管理法》同时废止。随后,国务院于 2013 年 7 月 3 日发布了《中华人民共和国外国人入境出境管理条例》(以下简称《外国人入境出境管理条例》)共 39 条,该条例自2013年9月1日起施行,原《中华人民共和国外国人入境出境管理法实施细则》同时废止。面对新的历史条件与形势,新的出入境管理法制突出权益保护的理念,将"保护中国公民出境入境合法权益"、"在中国境内的外国人的合法权益受法律保护"作为立法的基本原则,在立法理念上实现了从强调管理到服务与管理并重的重大转变。这对旅游业和旅游从业者而言,也具有特别重要的意义。

本章前两节介绍中国公民与外国人的出境入境管理规范,后两节介绍出境入境边防检查与卫生检疫规范。

第一节 中国公民出境入境规范

一、中国公民出境入境管理的基本要求

第一,中国公民凭国务院主管机关及其授权的机关签发的有效护照或者其他有效证件出境、入境,无需办理签证。

中国公民在出入他国国境时,应当取得前往国和沿途所经国家政府的签证,这是中国公民前往国和沿途所经国家政府对中国公民的要求。所以,中国公民出国旅游,一般应在出国前到前往国的驻华使领馆办理签证。目前,中国公民前往他国的旅游签证由组织旅游的旅行社代为办理。

中国公民往来内地与香港特别行政区、澳门特别行政区,中国公民往来大陆与台湾地区,应当依法申请办理通行证件。

第二,中国公民出境、入境,从对外开放的或者指定的口岸通行,接受边防检查机关的检查。

二、证件种类

(一)普通护照

普通护照持有人若未满16周岁,则其护照有效期为5年;若其为16周岁以上,则护照有效期为10年。

(二)旅行证

中华人民共和国旅行证分1年一次有效和2年多次有效两种,由中国驻外国的外交代表机关、领事机关或者外交部授权的其他驻外机关颁发。

(三)出入境通行证

中华人民共和国出入境通行证是出入中国国(边)境的通行证件。由省、自治区、直辖市公安厅(局)及其授权的公安机关签发。这种证件在有效期内一次或者多次出入境有效。一次有效的,在出境时由边防检查站收缴。公民从事边境旅游服务或者参加边境旅游等情形,可以向公安部委托的县级以上地方人民政府公安机关出入境管理机构申请出入境通行证。

(四)签证

中国公民凭国务院主管机关及其授权的机关签发的有效护照或者其他有效证件出境、入

境,无需办理签证。但中国公民作为旅游者前往一个国家或者中途停留,在获取护照和出境登记卡后,必须申办前往国的签证或者入境许可证。

在境外,出国旅游者应当保管好自己的行李物品,对护照的保管应当尤其重视。根据规定,旅游者在境外遗失护照后的补办手续复杂,十分麻烦。如果护照遗失,旅游者必须报告中国的主管机关,在登报声明或挂失后,由中国驻外国的外交代表机关、领事机关或者外交部授权的其他驻外机关办理。

三、护照的办理

(一)国内申请护照

公民因前往外国定居、探亲、学习、就业、旅行、从事商务活动等非公务原因出国的,由本人向户籍所在地的县级以上地方人民政府公安机关出入境管理机构申请普通护照。公民申请普通护照,应当提交本人的居民身份证、户口簿、近期免冠照片以及申请事由的相关材料。国家工作人员因非公务原因出境申请普通护照的,还应当按照国家有关规定提交相关证明文件。

公安机关出入境管理机构应当自收到申请材料之日起15日内签发普通护照;对不符合规定不予签发的,应当书面说明理由,并告知申请人享有依法申请行政复议或者提起行政诉讼的权利。在偏远地区或者交通不便的地区或者因特殊情况,不能按期签发护照的,经护照签发机关负责人批准,签发时间可以延长至30日。公民因合理紧急事由请求加急办理的,公安机关出入境管理机构应当及时办理。

(二)境外申请护照

中国公民在境外申请护照,应当直接向我国驻外使领馆、外交代表机关及外交部授权的其他驻外机关提出申请,由这些机关或部门进行审核和颁发护照。

(三)申请换发或者补发护照

有下列情形之一的,护照持有人可以按照规定申请换发或者补发护照。

(1)护照有效期即将届满的。
(2)护照签证页即将使用完毕的。
(3)护照损毁不能使用的。
(4)护照遗失或者被盗的。
(5)有正当理由需要换发或者补发护照的其他情形。

护照持有人申请换发或者补发普通护照,在国内,由本人向户籍所在地的县级以上地方人民政府公安机关出入境管理机构提出;在国外,由本人向中华人民共和国驻外使领馆或者外交部委托的其他驻外机构提出。定居国外的中国公民回国后申请换发或者补发普通护照的,由本人向暂住地的县级以上地方人民政府公安机关出入境管理机构提出。

(四)不予签发护照

(1)根据《护照法》的有关规定,申请人有下列情形之一的,护照签发机关不予签发护照。
① 不具有中华人民共和国国籍的。
② 无法证明身份的。

③ 在申请过程中弄虚作假的。
④ 被判处刑罚正在服刑的。
⑤ 人民法院通知有未了结的民事案件不能出境的。
⑥ 属于刑事案件被告人或者犯罪嫌疑人的。
⑦ 国务院有关主管部门认为出境后将对国家安全造成危害或者对国家利益造成重大损失的。

（2）有下列情形之一的，护照签发机关自其刑罚执行完毕或者被遣返回国之日起6个月至3年以内不予签发护照。
① 因妨害国（边）境管理受到刑事处罚的。
② 因非法出境、非法居留、非法就业被遣返回国的。

四、中国公民出境受限制的情形

根据《出境入境管理法》第十二条规定，中国公民有下列情形之一的，不准出境。
（1）未持有效出境入境证件或者拒绝、逃避接受边防检查的。
（2）被判处刑罚尚未执行完毕或者属于刑事案件被告人、犯罪嫌疑人的。
（3）有未了结的民事案件，人民法院决定不准出境的。
（4）因妨害国（边）境管理受到刑事处罚或者因非法出境、非法居留、非法就业被其他国家或者地区遣返，未满不准出境规定年限的。
（5）可能危害国家安全和利益，国务院有关主管部门决定不准出境的。
（6）法律、行政法规规定不准出境的其他情形。

五、法律责任

（一）非法出入境

有下列行为之一的，处一千元以上五千元以下罚款；情节严重的，处五日以上十日以下拘留，可以并处二千元以上一万元以下罚款。
（1）持用伪造、变造、骗取的出境入境证件出境入境的。
（2）冒用他人出境入境证件出境入境的。
（3）逃避出境入境边防检查的。
（4）以其他方式非法出境入境的。

（二）出境后非法前往其他国家（地区）被遣返

中国公民出境后非法前往其他国家或者地区被遣返的，出入境边防检查机关应当收缴其出境入境证件，出境入境证件签发机关自其被遣返之日起六个月至三年以内不予签发出境入境证件。

第二节 外国人入境出境与停留居留规范

一、外国人出境入境管理的基本要求

外国人是指在一国境内不具有居住国国籍而具有其他国籍的人。一国是否准许外国人入境,完全是国家主权范围内的事项,通常各国在互惠的基础上允许外国人为合法目的而入境。① 我国《出境入境管理法》规定"在中国境内的外国人的合法权益受法律保护",同时,"在中国境内的外国人应当遵守中国法律,不得危害中国国家安全、损害社会公共利益、破坏社会公共秩序"。外国人入出我国国境、过境和居留须遵循下列基本要求。

第一,外国人的入境、过境和在中国境内居留,应当经中国政府主管机关许可。

第二,外国人的入境、出境、过境,应当从对外国人开放的或者指定的口岸通行,接受边防检查机关的检查。

第三,外国人在中国境内,必须遵守中国法律,不得危害中国国家安全,损害社会公共利益,破坏社会公共秩序。

二、签证的类别和签发

(一) 签证的分类

外国人入境,除根据《出境入境管理法》另有规定者外,应当向驻外签证机关申请办理签证。签证分为外交签证、礼遇签证、公务签证、普通签证。

对因外交、公务事由入境的外国人,签发外交、公务签证;对因身份特殊需要给予礼遇的外国人,签发礼遇签证。对因工作、学习、探亲、旅游、商务活动、人才引进等非外交、公务事由入境的外国人,签发相应类别的普通签证。来华外国旅游者的签证属于普通签证。

(二) 普通签证的种类

普通签证分为以下类别,并在签证上标明相应的汉语拼音字母。

(1) C字签证,发给执行乘务、航空、航运任务的国际列车乘务员、国际航空器机组人员、国际航行船舶的船员及船员随行家属和从事国际道路运输的汽车驾驶员。

(2) D字签证,发给入境永久居留的人员。

(3) F字签证,发给入境从事交流、访问、考察等活动的人员。

(4) G字签证,发给经中国过境的人员。

(5) J1字签证,发给外国常驻中国的新闻机构的外国常驻记者;J2字签证,发给入境进行短期采访报道的外国记者。

(6) L字签证,发给入境旅游的人员;以团体形式入境旅游的(一般为9人以上组团来中国旅游),可以签发团体L字签证。

(7) M字签证,发给入境进行商业贸易活动的人员。

(8) Q1字签证,发给因家庭团聚理由申请入境居留的中国公民的家庭成员和具有中国永久居留资格的外国人的家庭成员,以及因寄养等原因申请入境居留的人员;Q2字签证,发给申请入境短期探亲的居住在中国境内的中国公民的亲属和具有中国永久居留资格的外国人的亲属。

(9) R字签证,发给国家需要的外国高层次人才和急需紧缺专门人才。

(10) S1字签证,发给申请入境长期探亲的因工作、学习等事由在中国境内居留的外国人的配偶、父母、未满18周岁的子女、配偶的父母,以及因其他私人事务需要在中国境内居留的

---

① 邵沙平. 国际法. 北京:中国人民大学出版社,2010:217.

人员;S2 字签证,发给申请入境短期探亲的因工作、学习等事由在中国境内停留居留的外国人的家庭成员,以及因其他私人事务需要在中国境内停留的人员。

(11) X1 字签证,发给申请在中国境内长期学习的人员;X2 字签证,发给申请在中国境内短期学习的人员。

(12) Z 字签证,发给申请在中国境内工作的人员。

(三)外国人免签证的情形

外国人有下列情形之一的,可以免办签证。

(1) 根据中国政府与其他国家政府签订的互免签证协议,属于免办签证人员的。

(2) 持有效的外国人居留证件的。

(3) 持联程客票搭乘国际航行的航空器、船舶、列车从中国过境前往第三国或者地区,在中国境内停留不超过二十四小时且不离开口岸,或者在国务院批准的特定区域内停留不超过规定时限的。

(4) 国务院规定的可以免办签证的其他情形。

三、外国人在中国境内居留停留的规定

(一)签证的延期、换发与补发规定

外国人需要延长签证停留期限的,应当在签证注明的停留期限届满七日前向停留地县级以上地方人民政府公安机关出入境管理机构申请,按照要求提交申请事由的相关材料。经审查,延期理由合理、充分的,准予延长停留期限;不予延长停留期限的,应当按期离境。

外国人持签证入境后,按照国家规定可以变更停留事由、给予入境便利的,或者因使用新护照、持团体签证入境后由于客观原因需要分团停留的,可以向停留地县级以上地方人民政府公安机关出入境管理机构申请换发签证。

在中国境内的外国人所持签证遗失、损毁、被盗抢的,应当及时向停留地县级以上地方人民政府公安机关出入境管理机构申请补发签证。

(二)办理居留证件和停留证件的规定

(1) 外国人所持签证注明入境后需要办理居留证件的,应当自入境之日起三十日内,向拟居留地县级以上地方人民政府公安机关出入境管理机构申请办理外国人居留证件。

申请办理外国人居留证件,应当提交本人的护照或者其他国际旅行证件,以及申请事由的相关材料,并留存指纹等人体生物识别信息。公安机关出入境管理机构应当自收到申请材料之日起十五日内进行审查并作出审查决定,根据居留事由签发相应类别和期限的外国人居留证件。

外国人工作类居留证件的有效期最短为九十日,最长为五年;非工作类居留证件的有效期最短为一百八十日,最长为五年。

(2) 免办签证入境的外国人需要超过免签期限在中国境内停留的,外国船员及其随行家属在中国境内停留需要离开港口所在城市,或者具有需要办理外国人停留证件其他情形的,应当按照规定办理外国人停留证件。外国人停留证件的有效期最长为一百八十日。

(三) 住宿管理

根据《出境入境管理法》第三十九条的规定,外国人在中国境内旅馆住宿的,旅馆应当按照旅馆业治安管理的有关规定为其办理住宿登记,并向所在地公安机关报送外国人住宿登记信息。外国人在旅馆以外的其他住所居住或者住宿的,应当在入住后二十四小时内由本人或者留宿人,向居住地的公安机关办理登记。

(四) 其他规定

(1) 出于维护国家安全、公共安全的需要,根据《出境入境管理法》第四十四条的规定,未经批准,外国人不得进入限制外国人进入的区域。

(2) 外国人在中国境内有下列情形之一的,属于非法居留。
① 超过签证、停留居留证件规定的停留居留期限停留居留的。
② 免办签证入境的外国人超过免签期限停留且未办理停留居留证件的。
③ 外国人超出限定的停留居留区域活动的。
④ 其他非法居留的情形。

(3) 外国人有下列行为之一的,属于非法就业。
① 未按照规定取得工作许可和工作类居留证件在中国境内工作的。
② 超出工作许可限定范围在中国境内工作的。
③ 外国留学生违反勤工助学管理规定,超出规定的岗位范围或者时限在中国境内工作的。

四、外国人出境入境受限制的情形

(一) 外国人不准入境的情形

根据《出境入境管理法》第二十五条的规定,外国人有下列情形之一的,不准入境。
(1) 未持有效出境入境证件或者拒绝、逃避接受边防检查的。
(2) 具有《出境入境管理法》第二十一条第一款第一项至第四项规定情形的。
(3) 入境后可能从事与签证种类不符的活动的。
(4) 法律、行政法规规定不准入境的其他情形。

对不准入境的,出入境边防检查机关可以不说明理由。

(二) 外国人不准出境的情形

根据《出境入境管理法》第二十八条的规定,外国人有下列情形之一的,不准出境。
(1) 被判处刑罚尚未执行完毕或者属于刑事案件被告人、犯罪嫌疑人的,但是按照中国与外国签订的有关协议,移管被判刑人的除外。
(2) 有未了结的民事案件,人民法院决定不准出境的。
(3) 拖欠劳动者的劳动报酬,经国务院有关部门或者省、自治区、直辖市人民政府决定不准出境的。
(4) 法律、行政法规规定不准出境的其他情形。

五、调查与遣送

(一) 对涉嫌违反出境入境管理的人员的调查

根据《出境入境管理法》的有关规定,对涉嫌违反出境入境管理的人员,可以当场盘问;经当场盘问,有下列情形之一的,可以依法继续盘问。

(1) 有非法出境入境嫌疑的。
(2) 有协助他人非法出境入境嫌疑的。
(3) 外国人有非法居留、非法就业嫌疑的。
(4) 有危害国家安全和利益,破坏社会公共秩序或者从事其他违法犯罪活动嫌疑的。

外国人有上述情形之一的,经当场盘问或者继续盘问后仍不能排除嫌疑,需要作进一步调查的,可以拘留审查。实施拘留审查,应当出示拘留审查决定书,并在二十四小时内进行询问。发现不应当拘留审查的,应当立即解除拘留审查。

(二) 遣送出境

根据《出境入境管理法》第六十二条的规定,外国人有下列情形之一的,可以遣送出境。

(1) 被处限期出境,未在规定期限内离境的。
(2) 有不准入境情形的。
(3) 非法居留、非法就业的。
(4) 违反《出境入境管理法》或者其他法律、行政法规需要遣送出境的。

被遣送出境的人员,自被遣送出境之日起一至五年内不准入境。

六、法律责任

(一) 非法出入境

有下列行为之一的,处一千元以上五千元以下罚款;情节严重的,处五日以上十日以下拘留,可以并处二千元以上一万元以下罚款。

(1) 持用伪造、变造、骗取的出境入境证件出境入境的。
(2) 冒用他人出境入境证件出境入境的。
(3) 逃避出境入境边防检查的。
(4) 以其他方式非法出境入境的。

(二) 协助外国人非法出境入境

协助外国人非法出境入境的,处二千元以上一万元以下罚款;情节严重的,处十日以上十五日以下拘留,并处五千元以上二万元以下罚款,有违法所得的,没收违法所得。

单位有上述行为的,处一万元以上五万元以下罚款,有违法所得的,没收违法所得,并对其直接负责的主管人员和其他直接责任人员依照前款规定予以处罚。

(三) 骗取签证、停留居留证件等出境入境证件

弄虚作假骗取签证、停留居留证件等出境入境证件的,处二千元以上五千元以下罚款;情节严重的,处十日以上十五日以下拘留,并处五千元以上二万元以下罚款。

单位有上述行为的,处一万元以上五万元以下罚款,并对其直接负责的主管人员和其他直接责任人员依照前款规定予以处罚。

(四)违法为外国人出具相关材料

违反《出境入境管理法》的有关规定,为外国人出具邀请函件或者其他申请材料的,处五千元以上一万元以下罚款,有违法所得的,没收违法所得,并责令其承担所邀请外国人的出境费用。

单位有上述行为的,处一万元以上五万元以下罚款,有违法所得的,没收违法所得,并责令其承担所邀请外国人的出境费用,对其直接负责的主管人员和其他直接责任人员依照前款规定予以处罚。

(五)外国人擅自进入限制区域

外国人未经批准,擅自进入限制外国人进入的区域,责令立即离开;情节严重的,处五日以上十日以下拘留。对外国人非法获取的文字记录、音像资料、电子数据和其他物品,予以收缴或者销毁,所用工具予以收缴。

(六)外国人非法居留

外国人非法居留的,给予警告;情节严重的,处每非法居留一日五百元,总额不超过一万元的罚款或者五日以上十五日以下拘留。

(七)外国人非法就业

外国人非法就业的,处五千元以上二万元以下罚款;情节严重的,处五日以上十五日以下拘留,并处五千元以上二万元以下罚款。

介绍外国人非法就业的,对个人处每非法介绍一人五千元,总额不超过五万元的罚款;对单位处每非法介绍一人五千元,总额不超过十万元的罚款;有违法所得的,没收违法所得。

非法聘用外国人的,处每非法聘用一人一万元,总额不超过十万元的罚款;有违法所得的,没收违法所得。

(八)其他

有下列情形之一的,给予警告,可以并处二千元以下罚款。
(1) 外国人拒不接受公安机关查验其出境入境证件的。
(2) 外国人拒不交验居留证件的。
(3) 未按照规定办理外国人出生登记、死亡申报的。
(4) 外国人居留证件登记事项发生变更,未按照规定办理变更的。
(5) 在中国境内的外国人冒用他人出境入境证件的。
(6) 未按照本法第三十九条第二款规定办理登记的。

旅馆未按照规定办理外国人住宿登记的,依照《中华人民共和国治安管理处罚法》的有关规定予以处罚;未按照规定向公安机关报送外国人住宿登记信息的,给予警告;情节严重的,处一千元以上五千元以下罚款。

第三节 出境入境边防检查规范

一、边防检查站的职责和权利

(一) 边防检查站的职责

(1) 对出境、入境的人员及其行李物品、交通运输工具及其载运的货物实施边防检查。
(2) 按照国家有关规定对出境、入境的交通运输工具进行监护。
(3) 对口岸的限定区域进行警戒,维护出境、入境秩序。
(4) 执行主管机关赋予的和其他法律、行政法规规定的任务。

(二) 边防检查站的权利

(1) 边防检查站认为必要时,可以对出境、入境的人员进行人身检查。人身检查应当由两名与受检查人同性别的边防检查人员进行。
(2) 边防检查站根据法律、法规的规定,有权拒绝某些人员出境、入境;或者限制其活动范围,进行调查或者移送有关机关处理。

二、出境入境人员的义务

(1) 出境、入境的人员和交通运输工具,必须经对外开放的口岸或者主管机关特许的地点通行,接受边防检查、监护和管理。出境、入境的人员,必须遵守中华人民共和国的法律、行政法规。
(2) 出境、入境的人员必须按照规定填写出境、入境登记卡,向边防检查站交验本人的有效护照或者其他出境、入境证件(以下简称"出境、入境证件"),经查验核准后,方可出境、入境。

旅游团出入境前,一般由旅行社派出的领队填写出境、入境登记卡,然后交给每一位旅游者,出境、入境证件由旅游者自己持有,领队在出境、入境口岸向边防检查站交验团队名单。旅游团是一个整体,如果团队中有一个旅游者的证件或出境、入境登记卡出了问题,就会影响整个旅游团的行程。因此,领队必须格外细心。

三、边境地区出境入境人员的管理

《边防检查条例》规定,中华人民共和国与毗邻国家(地区)的双方公务人员、边境居民临时出境、入境的边防检查,双方订有协议的,按照协议执行;没有协议的,适用本条例的规定。

毗邻国家的边境居民按照协议临时入境的,限于在协议规定范围内活动。需要到协议规定范围以外活动的,应当事先办理入境手续。

就我国目前开办的边境旅游业务来说,旅行社必须严格按照和边境国家旅游部门签订的协议,在一定范围内开展旅游业务。比如,中俄边境旅游只能局限在边境地区,而不能借边境旅游之名,行出国旅游之实,把旅游团带到莫斯科去旅游。如果是这样,就是超范围经营,将受到查处。

四、出境入境受限制的人员

(一)《边防检查条例》规定的被拒绝出境、入境的人员

(1) 未持出境、入境证件的。

(2) 持用无效出境、入境证件的。
(3) 持用他人出境、入境证件的。
(4) 持用伪造或者涂改的出境、入境证件的。
(5) 拒绝接受边防检查的。
(6) 未在限定口岸通行的。
(7) 国务院公安部门、国家安全部门通知不准出境、入境的。
(8) 法律、行政法规规定不准出境、入境的。

(二)《边防检查条例》规定的被限制活动范围的人员

(1) 有持用他人出境、入境证件嫌疑的。
(2) 有持用伪造或者涂改的出境、入境证件嫌疑的。
(3) 国务院公安部门、国家安全部门和省、自治区、直辖市公安机关、国家安全机关通知有犯罪嫌疑的。
(4) 有危害国家安全、利益和社会秩序嫌疑的。

五、行李物品的检查

边防检查站根据维护国家安全和社会秩序的需要,可以对出境、入境人员携带的行李物品和交通运输工具载运的货物进行重点检查。

首先,出境、入境的人员和交通运输工具不得携带、载运法律、行政法规规定的危害国家安全和社会秩序的违禁物品;携带、载运违禁物品的,边防检查站应当扣留违禁物品,对携带人、载运违禁物品的交通运输工具负责人依照有关法律、行政法规的规定处理。危害国家安全和社会秩序的违禁物品包括贩卖的枪支弹药、毒品、走私物品、假钞、反动政治书刊、黄色书刊等。

旅游团的领队应当告诫旅游者,在境外或者出入境时要提高警惕,不要被犯罪分子的花言巧语所迷惑,更不要被小恩小惠所诱惑,被境内外犯罪分子利用,充当他们不法行为的牺牲品。

其次,任何人不得非法携带属于国家秘密的文件、资料和其他物品出境。非法携带属于国家秘密的文件、资料和其他物品的,边防检查站应当予以收缴,对携带者依照有关法律、行政法规规定处理。

旅游者,特别是国家公务员,利用节假日出国(境)旅游时,不要随身携带与工作有关的文件、资料。出境组团旅行社和领队应当提醒旅游者,"内外有别"应当为每一位公民、旅游者所牢记。

六、法律责任

《边防检查条例》规定,对违反该条例规定的处罚,由边防检查站执行。

(1) 出境、入境的人员有下列情形之一的,处以五百元以上二千元以下的罚款,或者依照有关法律、行政法规的规定处以拘留。
① 未持出境、入境证件的。
② 持用无效出境、入境证件的。
③ 持用他人出境、入境证件的。
④ 持用伪造或者涂改的出境、入境证件的。
(2) 出境、入境的人员有下列情形之一的,处以警告或者五百元以下的罚款。

① 未经批准进入口岸的限定区域或者进入后不服从管理,扰乱口岸管理秩序的。
② 污辱边防检查人员的。
③ 未经批准或者未按照规定登陆、住宿的。

第四节　出境入境卫生检疫规范

一、检疫的范围

《卫生检疫法》规定,入境、出境的人员、交通工具、运输设备以及可能传播检疫传染病的行李、货物、邮包等物品,都应当接受检疫,经国境卫生检疫机关许可,方准入境或者出境。

二、检疫与监测

（一）检疫地点

(1) 入境的交通工具和人员,必须在最先到达的国境口岸的指定地点接受检疫。除引航员外,未经国境卫生检疫机关许可,任何人不准下交通工具,不准装卸行李、货物、邮包等物品。

(2) 出境的交通工具和人员,必须在最后离开的国境口岸接受检疫。

（二）人员的检疫

(1) 在国境口岸发现检疫传染病、疑似检疫传染病,或者有人非因意外伤害而死亡并死因不明的,国境口岸有关单位和交通工具的负责人应当立即向国境卫生检疫机关报告,并申请临时检疫。

(2) 国境卫生检疫机关依据检疫医师提供的检疫结果,对未染有检疫传染或者已实施卫生处理的交通工具,签发入境检疫证或者出境检疫证。

(3) 国境卫生检疫机关应当对检疫传染病染疫人立即采取隔离措施,隔离期限根据医学检查结果确定;对检疫传染病染疫嫌疑人应当将其留验,留验期限根据该传染病潜伏期确定。因患检疫传染病而死亡的尸体,必须就近火化。

（三）物品的检疫

(1) 接受入境检疫的交通工具有下列情形之一的,应当实施消毒、除鼠、除虫或者其他卫生处理。
① 来自检疫传染病疫区的。
② 被检疫传染病污染的。
③ 发现有与人类健康有关的啮齿动物或者病媒昆虫的。

(2) 国境卫生检疫机关对来自疫区的、被检疫传染病污染的或者可能成为检疫传染病传播媒介的行李、货物、邮包等物品,应当进行卫生检查,实施消毒、除鼠、除虫或者其他卫生处理。入境、出境的尸体、骸骨的托运人或者其代理人,必须向国境卫生检疫机关申报,经卫生检查合格后发给入境、出境许可证,方可运进或者运出。

（四）传染病的监测

(1) 国境卫生检疫机关对入境、出境的人员实施传染病监测,并且采取必要的预防、控制措施。

(2) 国境卫生检疫机关有权要求入境、出境的人员填写健康申明卡,出示某种传染病的预防接种证书、健康证明或者其他有关证件。

(3) 对患有监测传染病的人、来自国外监测传染病流行区的人或者与监测传染病人密切接触的人,国境卫生检疫机关应当区别情况,发给就诊方便卡,实施留验或者采取其他预防、控制措施,并及时通知当地卫生行政部门。各地医疗单位对持有就诊方便卡的人员,应当优先诊治。

三、法律责任

(一) 对入出境人员的处罚

(1) 有下列行为之一的单位或者个人,国境卫生检疫机关可以根据情节轻重,给予警告或者罚款。

① 逃避检疫,向国境卫生检疫机关隐瞒事实真相的。

② 入境的人员未经国境卫生检疫机关许可,擅自上下交通工具,或者装卸行李、货物、邮包等物品,不听劝阻的。

(2) 引起检疫传染病传播或者引起检疫传染病传播严重危险的,依照刑法的规定追究刑事责任。

(二) 对检疫部门工作人员的处罚

国境卫生检疫机关的工作人员应当秉公执法,忠于职守,对入境、出境的交通工具和人员及时进行检疫。违法失职的,给予行政处分;情节严重构成犯罪的,依法追究刑事责任。

本章练习

思考题

1. 中国公民在哪些情形下不得出境?
2. 外国人出境入境受限制的情形包括哪些?
3. 外国人在哪些情形下可被遣送出境?
4. 出境入境的人员和交通运输工具不得携带或载运哪些物品?
5. 《卫生检疫法》对传染病的监测有哪些主要规定?

案例分析

2013年某日下午,S省Q市某派出所组织民警对辖区进行涉外人员例行检查时,发现两名韩国人C某、B某于2013年6月30日从Q市机场入境。二人均持旅游护照,签证期限为一个月。直至被检查时,二人未曾入住中国旅馆,亦未向住所地的公安派出所办理登记临时住宿登记备案。

问题

1. 这两名韩国人违反了《中华人民共和国出境入境管理法》的哪项规定?
2. 这两名韩国人将面临什么样的处罚?

评析

1. 这两名韩国人违反了《出境入境管理法》第三十九条的规定。根据该条规定,外国人在旅馆以外的其他住所居住或者住宿的,应当在入住后二十四小时内由本人或者留宿人,向居住地的公安机关办理登记。

2. 根据《出境入境管理法》第七十六条的规定,在旅馆以外的其他住所居住或者住宿的外国人,未在入住后二十四小时内向居住地的公安机关办理登记的,可给予警告,并可处二千元以下罚款。

第十一章

旅游投诉与监管法律制度

本章提要

本章介绍了旅游投诉制度和旅游监督管理法律制度,通过学习本章应掌握旅游投诉的管辖与受理、旅游投诉的处理、旅游监管的主体、旅游监管的内容以及旅游行政处罚。

学习重点

- 旅游投诉的受理范围;
- 旅游投诉的处理方式;
- 旅游监管的主体;
- 旅游主管部门的监管职责;
- 旅游行政处罚的种类。

旅游投诉与旅游监管都是旅游行政主管部门或其他相关部门对旅游市场进行监管的形式。两者的区别在于旅游投诉是一种被动式监管,旅游投诉处理部门并不积极查找投诉事项,而是根据旅游者的投诉申请启动相关程序实施对旅游市场的监督管理;而旅游监管则是主动的监管,旅游行政部门有义务根据相关线索,积极主动地查处相关违法行为。

第一节 旅游投诉制度

根据《旅游投诉处理办法》(国家旅游局令第 32 号),旅游投诉是指旅游者认为旅游经营者损害其合法权益,请求旅游行政管理部门、旅游质量监督管理机构或者旅游执法机构(以下简称"旅游投诉处理机构"),对双方发生的民事争议进行处理的行为。旅游投诉是当前旅游者维权的一种十分重要的途径。《旅游法》规定,县级以上人民政府应当依法指定或者设立统一的旅游投诉受理机构。受理机构接到投诉,应当及时进行处理或者移交有关部门处理,并告知投诉者。

一、旅游投诉的管辖与受理

(一)旅游投诉的管辖

旅游投诉的管辖是指各级旅游投诉处理机构之间及同级旅游投诉处理机构之间处理旅游投诉的分工。管辖包括级别管辖和地域管辖。

级别管辖是各级旅游投诉处理机构之间的分工,原则上是县级旅游投诉处理机构管辖,但上级旅游投诉处理机构有权处理下级旅游投诉处理机构管辖的投诉案件。

地域管辖是不同区域的同级旅游投诉处理机构之间的分工,原则上是由旅游合同签订地或者被投诉人所在地县级以上地方旅游投诉处理机构管辖。特殊情况下,比如需要立即制止、纠正被投诉人的损害行为的,应当由损害行为发生地旅游投诉处理机构管辖。

不同级别或不同区域的旅游投诉处理机构就投诉管辖发生争议的,可以协商确定管辖机构,或者报请共同的上级旅游投诉处理机构指定管辖。

(二)旅游投诉的受理

旅游投诉处理仅针对旅游者提出的特定事项,其范围如下:
(1)认为旅游经营者违反合同约定的。
(2)因旅游经营者的责任致使投诉人人身、财产受到损害的。
(3)因不可抗力、意外事故致使旅游合同不能履行或者不能完全履行,投诉人与被投诉人发生争议的。
(4)其他损害旅游者合法权益的。

对于一些不符合条件的投诉事项,则不予受理,具体如下:
(1)人民法院、仲裁机构、其他行政管理部门或者社会调解机构已经受理或者处理的。
(2)旅游投诉处理机构已经作出处理,且没有新情况、新理由的。
(3)不属于旅游投诉处理机构职责范围或者管辖范围的。
(4)超过旅游合同结束之日90天的。
(5)不符合本办法第十条规定的旅游投诉条件的。
(6)本办法规定情形之外的其他经济纠纷。

属于第三项情形的,旅游投诉处理机构应当及时告知投诉人向有管辖权的旅游投诉处理机构或者有关行政管理部门投诉。

旅游者提出旅游投诉须满足两方面的条件:第一,投诉人与投诉事项有直接利害关系;第二,有明确的被投诉人、具体的投诉请求、事实和理由。

旅游投诉还须满足特定的形式要求,一般应当采取书面形式,一式两份,书面形式必须载明下列事项。
(1)投诉人的姓名、性别、国籍、通讯地址、邮政编码、联系电话及投诉日期。
(2)被投诉人的名称、所在地。
(3)投诉的要求、理由及相关的事实根据。

投诉事项比较简单的,投诉人可以口头投诉,由旅游投诉处理机构进行记录或者登记,并告知被投诉人;对于不符合受理条件的投诉,旅游投诉处理机构可以口头告知投诉人不予受理及其理由,并进行记录或者登记。

投诉人4人以上,以同一事由投诉同一被投诉人的,为共同投诉。共同投诉可以由投诉人推选1至3名代表进行投诉。代表人参加旅游投诉处理机构处理投诉过程的行为,对全体投诉人发生效力,但代表人变更、放弃投诉请求或者进行和解,应当经全体投诉人同意。

旅游投诉处理机构接到投诉,应当在5个工作日内作出以下处理。
(1)投诉符合本办法的,予以受理。
(2)投诉不符合本办法的,应当向投诉人送达《旅游投诉不予受理通知书》,告知不予受理的理由。
(3)依照有关法律、法规和本办法规定,本机构无管辖权的,应当以《旅游投诉转办通知书》或者《旅游投诉转办函》,将投诉材料转交有管辖权的旅游投诉处理机构或者其他有关行政管理部门,并书面告知投诉人。

二、旅游投诉的处理

旅游投诉处理机构处理旅游投诉,应当立案办理,填写《旅游投诉立案表》,并附有关投诉材料,在受理投诉之日起5个工作日内,将《旅游投诉受理通知书》和投诉书副本送达被投诉人。对于事实清楚、应当即时制止或者纠正被投诉人损害行为的,可以不填写《旅游投诉立案表》和向被投诉人送达《旅游投诉受理通知书》,但应当对处理情况进行记录存档。被投诉人应当在接到通知之日起10日内作出书面答复,提出答辩的事实、理由和证据。投诉人和被投诉人应当对自己的投诉或者答辩提供证据。

旅游投诉处理机构应当对双方当事人提出的事实、理由及证据进行审查。认为有必要收集新的证据的,可以根据有关法律、法规的规定,自行收集或者召集有关当事人进行调查。需要委托其他旅游投诉处理机构协助调查、取证的,应当出具《旅游投诉调查取证委托书》,受委托的旅游投诉处理机构应当予以协助。对专门性事项需要鉴定或者检测的,可以由当事人双方约定的鉴定或者检测部门鉴定。没有约定的,当事人一方可以自行向法定鉴定或者检测机构申请鉴定或者检测。鉴定、检测费用按双方约定承担。没有约定的,由鉴定、检测申请方先行承担;达成调解协议后,按调解协议承担。鉴定、检测的时间不计入投诉处理时间。

旅游投诉处理机构处理旅游投诉,一般实行调解制度,应当在查明事实的基础上,积极安排当事双方进行调解,提出调解方案,在遵循自愿、合法原则的前提下,促使投诉人与被投诉人相互谅解,达成协议。在投诉处理过程中,投诉人与被投诉人自行和解的,应当将和解结果告知旅游投诉处理机构;旅游投诉处理机构在核实后应当予以记录并由双方当事人、投诉处理人员签名或者盖章。

旅游投诉处理机构应当在受理旅游投诉之日起60日内,作出以下处理。

(1) 双方达成调解协议的,应当制作《旅游投诉调解书》,载明投诉请求、查明的事实、处理过程和调解结果,由当事人双方签字并加盖旅游投诉处理机构印章。

(2) 调解不成的,终止调解,旅游投诉处理机构应当向双方当事人出具《旅游投诉终止调解书》。

调解不成的,或者调解书生效后没有执行的,投诉人可以按照国家法律、法规的规定,向仲裁机构申请仲裁或者向人民法院提起诉讼。

在下列情形下,经旅游投诉处理机构调解,投诉人与旅行社不能达成调解协议的,旅游投诉处理机构应当作出划拨旅行社质量保证金赔偿的决定,或向旅游行政管理部门提出划拨旅行社质量保证金的建议。

(1) 旅行社因解散、破产或者其他原因造成旅游者预交旅游费用损失的。

(2) 因旅行社中止履行旅游合同义务、造成旅游者滞留,而实际发生了交通、食宿或返程等必要及合理费用的。

旅游投诉处理机构应当每季度公布旅游者的投诉信息,应当使用统一规范的旅游投诉处理信息系统,应当为受理的投诉制作档案并妥善保管相关资料。

第二节 旅游监管制度

法律的生命在于实践,法律的实践首先依赖相关主体的主动遵守,但法律规范与非法律规范最大的区别在于:它有国家强制力作为实施保障,包括司法权力,即法律可以通过司法裁判来保障实施;也包括行政权力,即通过行政监管来保障实施。旅游监督管理主要是相关的行政部门根据《旅游法》及相关法律对旅游行业实施监督管理,保障《旅游法》及相关法律的有效实施。

一、旅游监管的主体

旅游业作为综合性产业,涉及社会生活的方方面面。因此对旅游业的监管也相应地具有综合性,涉及多个政府部门。根据《旅游法》规定,县级以上人民政府旅游主管部门和有关部门依照本法和有关法律、法规的规定,在各自职责范围内对旅游市场实施监督管理。这里的有关部门主要包括工商、质监、公安、运管等与旅游市场监管关系密切的部门。旅游监管活动实际就是行政权力行使的过程,旅游监管活动必须依法进行,确保监管对象合法权益不受侵害。《旅游法》对旅游监管部门依法监管提出了如下七个方面要求。

第一,禁止乱收费。旅游主管部门履行监督管理职责,不得违反法律、行政法规的规定向监督管理对象收取费用。

第二,不得既做裁判员又做运动员。旅游主管部门及其工作人员不得参与任何形式的旅游经营活动。

第三,依法保密。监督检查人员对在监督检查中知悉的被检查单位的商业秘密和个人信息应当依法保密。

第四,积极作为、及时作为。县级以上人民政府旅游主管部门和有关部门,在履行监督检查职责中或者在处理举报、投诉时,发现违反本法规定行为的,应当依法及时作出处理;对不属于本部门职责范围的事项,应当及时书面通知并移交有关部门查处。

第五,严格遵守程序要求。在监管工作程序方面,旅游主管部门和有关部门依法实施监督检查,其监督检查人员不得少于二人,并应当出示合法证件。监督检查人员少于二人或者未出示合法证件的,被检查单位和个人有权拒绝。

第六,积极开展联合监管。县级以上地方人民政府建立旅游违法行为查处信息的共享机制,对需要跨部门、跨地区联合查处的违法行为,应当进行督办。

第七,信息公开。旅游主管部门和有关部门应当按照各自职责,及时向社会公布监督检查的情况。

《旅游法》同时要求监管对象积极配合监管工作,对依法实施的监督检查,有关单位和个人应当配合,如实说明情况并提供文件、资料,不得拒绝、阻碍和隐瞒。

旅游监管主要力量是政府相关部门,但随着全能政府向有限政府转变,很多原先由政府承担的职能需要社会来承担。社会承担这些职能的主要载体就是社会组织,旅游协会、旅行社协会等就是旅游行业的社会组织。依法成立的旅游行业组织依照法律、行政法规和章程的规定,制定行业经营规范和服务标准,对其会员的经营行为和服务质量进行自律管理,组织开展职业道德教育和业务培训,提高从业人员素质。

二、旅游监管的内容

依法监管的核心问题是监管权力不逾矩、不越轨,这就要求法律首先明确列出监管权力清单。监管部门只能从事权力清单上的监管活动,所谓法无授权不可为,清单上没有列出来的,就是行政监管活动的禁区。《旅游法》明确规定,县级以上人民政府旅游主管部门有权对下列事项实施监督检查。

(1) 经营旅行社业务以及从事导游、领队服务是否取得经营、执业许可。
(2) 旅行社的经营行为。
(3) 导游和领队等旅游从业人员的服务行为。
(4) 法律、法规规定的其他事项。

旅游主管部门依照前款规定实施监督检查，可以对涉嫌违法的合同、票据、账簿以及其他资料进行查阅、复制。

据此，在监管主体上，明确规定县级以上人民政府旅游主管部门是相应监管职权的承担者。

在监管事项上，包括资格监管和行为监管，资格监管就是从事旅行社业务经营的企业是否取得相应的经营许可，从事导游、领队业务的人员是否取得相应的职业许可；行为监管就是旅行社的经营行为以及导游、领队人员的从业行为是否合法。

在监管手段上，明确监管部门可以对涉嫌违法的相关资料进行查阅、复制。

前述监管内容的具体依据是《旅游法》第四章的相关规定以及《旅行社条例》等相关下位法的规定。

三、旅游行政处罚

旅游主管部门发现监管对象存在违法行为时，可以依法作出相应的行政处罚，行政处罚的种类如下：

(1) 警告。
(2) 罚款。
(3) 没收违法所得。
(4) 暂停或者取消出国(境)旅游业务经营资格。
(5) 责令停业整顿。
(6) 暂扣或者吊销导游证、领队证。
(7) 吊销旅行社业务经营许可证。
(8) 法律、行政法规规定的其他种类。

各级旅游主管部门行使旅游行政处罚裁量权应当综合考虑下列情节。

(1) 违法行为的具体方式、手段、程度或者次数。
(2) 违法行为危害的对象或者所造成的危害后果。
(3) 当事人改正违法行为的态度、措施和效果。
(4) 当事人的主观过错程度。

旅游主管部门实施处罚时，对性质相同、情节相近、危害后果基本相当、违法主体类同的违法行为，处罚种类及处罚幅度应当基本一致。

当事人的同一违法行为同时违反两个以上法律、法规或者规章规定的，效力高的优先适用。法律、法规、规章规定两种以上处罚可以单处或者并处的，可以选择适用；规定应当并处的，不得选择适用。对当事人的同一违法行为，不得给予两次以上罚款的行政处罚。

违法行为轻微并及时纠正，且没有造成危害后果的，不予处罚。违法行为在2年内未被发现的，不再给予行政处罚，但法律另有规定的除外。有下列情形之一的，应当从轻或者减轻处罚。

(1) 主动消除或者减轻违法行为危害后果的。

(2) 受他人胁迫实施违法行为的。

(3) 配合行政机关查处违法行为有立功表现的。

(4) 其他依法应当从轻或者减轻处罚的情形。

执法人员在现场检查中发现违法行为或者实施行政处罚时,应当责令当事人立即改正违法行为。不能立即改正的,应当责令限期改正,限期改正期限一般不得超过15日,改正期间当事人应当停止相关违法行为。责令改正应当以书面形式作出,可以一并列入行政处罚决定书。单独出具责令改正通知书的,应当说明违法行为的事实,以及责令改正的依据、期限、要求。

本 章 练 习

思考题

1. 旅游投诉受理哪些事项?
2. 旅游行政主管部门主要有哪些监管职责?
3. 旅游行政处罚包括哪些类型?

案例分析

某省级国际旅行社组织旅游团到某县旅游。在旅游过程中,旅游者向该县旅游管理部门投诉,反映该旅行社的导游工作极端不负责任,不仅很少讲解,而且对旅游者的提问也是爱答不理,在景点比旅游者玩得还欢,并要旅游者帮她拍照片。县旅游管理部门接到投诉后,派出两位持有合法检查证件的执法人员赶往旅游者的住宿饭店,对导游进行检查。导游拒绝接受该县旅游管理部门的检查,理由是县级旅游管理部门没有权利检查省级旅行社。

问题

1. 导游拒绝检查的理由是否成立?为什么?
2. 该县旅游管理部门应当如何查处导游?

评析

1. 导游拒绝检查的理由不成立。《旅游法》第八十三条规定,县级以上人民政府旅游主管部门和有关部门依照本法和有关法律、法规的规定,在各自职责范围内对旅游市场实施监督管理。《旅行社条例》第三条规定,国务院旅游行政主管部门负责全国旅行社的监督管理工作。县级以上地方人民政府管理旅游工作的部门按照职责负责本行政区域内旅行社的监督管理工作。

旅游行政管理部门对各类旅行社及外国旅行社常驻机构实行属地管理。也就是说,旅游企业及其从业人员必须服从县级以上的旅游行政管理部门的管理;县级以上的旅游行政管理管理部门必须充分行使管理职权。导游必须接受该县旅游管理部门的检查。

2. 按照《导游人员管理实施办法》的规定,导游人员在导游活动中,拒绝、逃避检查的,扣除8分。被扣除8分后,由旅游管理部门对导游进行全行业通报。

附录

中华人民共和国旅游法

(2013年4月25日第十二届全国人民代表大会常务委员会第二次会议通过)

目录

第一章　总则
第二章　旅游者
第三章　旅游规划和促进
第四章　旅游经营
第五章　旅游服务合同
第六章　旅游安全
第七章　旅游监督管理
第八章　旅游纠纷处理
第九章　法律责任
第十章　附则

第一章　总则

第一条　为保障旅游者和旅游经营者的合法权益,规范旅游市场秩序,保护和合理利用旅游资源,促进旅游业持续健康发展,制定本法。

第二条　在中华人民共和国境内的和在中华人民共和国境内组织到境外的游览、度假、休闲等形式的旅游活动以及为旅游活动提供相关服务的经营活动,适用本法。

第三条　国家发展旅游事业,完善旅游公共服务,依法保护旅游者在旅游活动中的权利。

第四条　旅游业发展应当遵循社会效益、经济效益和生态效益相统一的原则。国家鼓励各类市场主体在有效保护旅游资源的前提下,依法合理利用旅游资源。利用公共资源建设的游览场所应当体现公益性质。

第五条　国家倡导健康、文明、环保的旅游方式,支持和鼓励各类社会机构开展旅游公益宣传,对促进旅游业发展做出突出贡献的单位和个人给予奖励。

第六条　国家建立健全旅游服务标准和市场规则,禁止行业垄断和地区垄断。旅游经营者应当诚信经营,公平竞争,承担社会责任,为旅游者提供安全、健康、卫生、方便的旅游服务。

第七条　国务院建立健全旅游综合协调机制,对旅游业发展进行综合协调。

县级以上地方人民政府应当加强对旅游工作的组织和领导,明确相关部门或者机构,对本行政区域的旅游业发展和监督管理进行统筹协调。

第八条　依法成立的旅游行业组织,实行自律管理。

第二章　旅游者

第九条　旅游者有权自主选择旅游产品和服务,有权拒绝旅游经营者的强制交易行为。

旅游者有权知悉其购买的旅游产品和服务的真实情况。

旅游者有权要求旅游经营者按照约定提供产品和服务。

第十条 旅游者的人格尊严、民族风俗习惯和宗教信仰应当得到尊重。

第十一条 残疾人、老年人、未成年人等旅游者在旅游活动中依照法律、法规和有关规定享受便利和优惠。

第十二条 旅游者在人身、财产安全遇有危险时,有请求救助和保护的权利。

旅游者人身、财产受到侵害的,有依法获得赔偿的权利。

第十三条 旅游者在旅游活动中应当遵守社会公共秩序和社会公德,尊重当地的风俗习惯、文化传统和宗教信仰,爱护旅游资源,保护生态环境,遵守旅游文明行为规范。

第十四条 旅游者在旅游活动中或者在解决纠纷时,不得损害当地居民的合法权益,不得干扰他人的旅游活动,不得损害旅游经营者和旅游从业人员的合法权益。

第十五条 旅游者购买、接受旅游服务时,应当向旅游经营者如实告知与旅游活动相关的个人健康信息,遵守旅游活动中的安全警示规定。

旅游者对国家应对重大突发事件暂时限制旅游活动的措施以及有关部门、机构或者旅游经营者采取的安全防范和应急处置措施,应当予以配合。

旅游者违反安全警示规定,或者对国家应对重大突发事件暂时限制旅游活动的措施、安全防范和应急处置措施不予配合的,依法承担相应责任。

第十六条 出境旅游者不得在境外非法滞留,随团出境的旅游者不得擅自分团、脱团。

入境旅游者不得在境内非法滞留,随团入境的旅游者不得擅自分团、脱团。

第三章 旅游规划和促进

第十七条 国务院和县级以上地方人民政府应当将旅游业发展纳入国民经济和社会发展规划。

国务院和省、自治区、直辖市人民政府以及旅游资源丰富的设区的市和县级人民政府,应当按照国民经济和社会发展规划的要求,组织编制旅游发展规划。对跨行政区域且适宜进行整体利用的旅游资源进行利用时,应当由上级人民政府组织编制或者由相关地方人民政府协商编制统一的旅游发展规划。

第十八条 旅游发展规划应当包括旅游业发展的总体要求和发展目标,旅游资源保护和利用的要求和措施,以及旅游产品开发、旅游服务质量提升、旅游文化建设、旅游形象推广、旅游基础设施和公共服务设施建设的要求和促进措施等内容。

根据旅游发展规划,县级以上地方人民政府可以编制重点旅游资源开发利用的专项规划,对特定区域内的旅游项目、设施和服务功能配套提出专门要求。

第十九条 旅游发展规划应当与土地利用总体规划、城乡规划、环境保护规划以及其他自然资源和文物等人文资源的保护和利用规划相衔接。

第二十条 各级人民政府编制土地利用总体规划、城乡规划,应当充分考虑相关旅游项目、设施的空间布局和建设用地要求。规划和建设交通、通信、供水、供电、环保等基础设施和公共服务设施,应当兼顾旅游业发展的需要。

第二十一条 对自然资源和文物等人文资源进行旅游利用,必须严格遵守有关法律、法规的规定,符合资源、生态保护和文物安全的要求,尊重和维护当地传统文化和习俗,维护资源的区域整体性、文化代表性和地域特殊性,并考虑军事设施保护的需要。有关主管部门应当加强对资源保护和旅游利用状况的监督检查。

第二十二条　各级人民政府应当组织对本级政府编制的旅游发展规划的执行情况进行评估,并向社会公布。

第二十三条　国务院和县级以上地方人民政府应当制定并组织实施有利于旅游业持续健康发展的产业政策,推进旅游休闲体系建设,采取措施推动区域旅游合作,鼓励跨区域旅游线路和产品开发,促进旅游与工业、农业、商业、文化、卫生、体育、科教等领域的融合,扶持少数民族地区、革命老区、边远地区和贫困地区旅游业发展。

第二十四条　国务院和县级以上地方人民政府应当根据实际情况安排资金,加强旅游基础设施建设、旅游公共服务和旅游形象推广。

第二十五条　国家制定并实施旅游形象推广战略。国务院旅游主管部门统筹组织国家旅游形象的境外推广工作,建立旅游形象推广机构和网络,开展旅游国际合作与交流。

县级以上地方人民政府统筹组织本地的旅游形象推广工作。

第二十六条　国务院旅游主管部门和县级以上地方人民政府应当根据需要建立旅游公共信息和咨询平台,无偿向旅游者提供旅游景区、线路、交通、气象、住宿、安全、医疗急救等必要信息和咨询服务。设区的市和县级人民政府有关部门应当根据需要在交通枢纽、商业中心和旅游者集中场所设置旅游咨询中心,在景区和通往主要景区的道路设置旅游指示标识。

旅游资源丰富的设区的市和县级人民政府可以根据本地的实际情况,建立旅游客运专线或者游客中转站,为旅游者在城市及周边旅游提供服务。

第二十七条　国家鼓励和支持发展旅游职业教育和培训,提高旅游从业人员素质。

第四章　旅游经营

第二十八条　设立旅行社,招徕、组织、接待旅游者,为其提供旅游服务,应当具备下列条件,取得旅游主管部门的许可,依法办理工商登记:

(一)有固定的经营场所;

(二)有必要的营业设施;

(三)有符合规定的注册资本;

(四)有必要的经营管理人员和导游;

(五)法律、行政法规规定的其他条件。

第二十九条　旅行社可以经营下列业务:

(一)境内旅游;

(二)出境旅游;

(三)边境旅游;

(四)入境旅游;

(五)其他旅游业务。

旅行社经营前款第二项和第三项业务,应当取得相应的业务经营许可,具体条件由国务院规定。

第三十条　旅行社不得出租、出借旅行社业务经营许可证,或者以其他形式非法转让旅行社业务经营许可。

第三十一条　旅行社应当按照规定交纳旅游服务质量保证金,用于旅游者权益损害赔偿和垫付旅游者人身安全遇有危险时紧急救助的费用。

第三十二条　旅行社为招徕、组织旅游者发布信息,必须真实、准确,不得进行虚假宣传,误导旅游者。

第三十三条　旅行社及其从业人员组织、接待旅游者,不得安排参观或者参与违反我国法律、法规和社会公德的项目或者活动。

第三十四条　旅行社组织旅游活动应当向合格的供应商订购产品和服务。

第三十五条　旅行社不得以不合理的低价组织旅游活动,诱骗旅游者,并通过安排购物或者另行付费旅游项目获取回扣等不正当利益。

旅行社组织、接待旅游者,不得指定具体购物场所,不得安排另行付费旅游项目。但是,经双方协商一致或者旅游者要求,且不影响其他旅游者行程安排的除外。

发生违反前两款规定情形的,旅游者有权在旅游行程结束后三十日内,要求旅行社为其办理退货并先行垫付退货货款,或者退还另行付费旅游项目的费用。

第三十六条　旅行社组织团队出境旅游或者组织、接待团队入境旅游,应当按照规定安排领队或者导游全程陪同。

第三十七条　参加导游资格考试成绩合格,与旅行社订立劳动合同或者在相关旅游行业组织注册的人员,可以申请取得导游证。

第三十八条　旅行社应当与其聘用的导游依法订立劳动合同,支付劳动报酬,缴纳社会保险费用。

旅行社临时聘用导游为旅游者提供服务的,应当全额向导游支付本法第六十条第三款规定的导游服务费用。

旅行社安排导游为团队旅游提供服务的,不得要求导游垫付或者向导游收取任何费用。

第三十九条　取得导游证,具有相应的学历、语言能力和旅游从业经历,并与旅行社订立劳动合同的人员,可以申请取得领队证。

第四十条　导游和领队为旅游者提供服务必须接受旅行社委派,不得私自承揽导游和领队业务。

第四十一条　导游和领队从事业务活动,应当佩戴导游证、领队证,遵守职业道德,尊重旅游者的风俗习惯和宗教信仰,应当向旅游者告知和解释旅游文明行为规范,引导旅游者健康、文明旅游,劝阻旅游者违反社会公德的行为。

导游和领队应当严格执行旅游行程安排,不得擅自变更旅游行程或者中止服务活动,不得向旅游者索取小费,不得诱导、欺骗、强迫或者变相强迫旅游者购物或者参加另行付费旅游项目。

第四十二条　景区开放应当具备下列条件,并听取旅游主管部门的意见:

(一)有必要的旅游配套服务和辅助设施;

(二)有必要的安全设施及制度,经过安全风险评估,满足安全条件;

(三)有必要的环境保护设施和生态保护措施;

(四)法律、行政法规规定的其他条件。

第四十三条　利用公共资源建设的景区的门票以及景区内的游览场所、交通工具等另行收费项目,实行政府定价或者政府指导价,严格控制价格上涨。拟收费或者提高价格的,应当举行听证会,征求旅游者、经营者和有关方面的意见,论证其必要性、可行性。

利用公共资源建设的景区,不得通过增加另行收费项目等方式变相涨价;另行收费项目已收回投资成本的,应当相应降低价格或者取消收费。

公益性的城市公园、博物馆、纪念馆等,除重点文物保护单位和珍贵文物收藏单位外,应当逐步免费开放。

第四十四条　景区应当在醒目位置公示门票价格、另行收费项目的价格及团体收费价格。景区提高门票价格应当提前六个月公布。

将不同景区的门票或者同一景区内不同游览场所的门票合并出售的,合并后的价格不得高于各单项门票的价格之和,且旅游者有权选择购买其中的单项票。

景区内的核心游览项目因故暂停向旅游者开放或者停止提供服务的,应当公示并相应减少收费。

第四十五条　景区接待旅游者不得超过景区主管部门核定的最大承载量。景区应当公布景区主管部门核定的最大承载量,制定和实施旅游者流量控制方案,并可以采取门票预约等方式,对景区接待旅游者的数量进行控制。

旅游者数量可能达到最大承载量时,景区应当提前公告并同时向当地人民政府报告,景区和当地人民政府应当及时采取疏导、分流等措施。

第四十六条　城镇和乡村居民利用自有住宅或者其他条件依法从事旅游经营,其管理办法由省、自治区、直辖市制定。

第四十七条　经营高空、高速、水上、潜水、探险等高风险旅游项目,应当按照国家有关规定取得经营许可。

第四十八条　通过网络经营旅行社业务的,应当依法取得旅行社业务经营许可,并在其网站主页的显著位置标明其业务经营许可证信息。

发布旅游经营信息的网站,应当保证其信息真实、准确。

第四十九条　为旅游者提供交通、住宿、餐饮、娱乐等服务的经营者,应当符合法律、法规规定的要求,按照合同约定履行义务。

第五十条　旅游经营者应当保证其提供的商品和服务符合保障人身、财产安全的要求。

旅游经营者取得相关质量标准等级的,其设施和服务不得低于相应标准;未取得质量标准等级的,不得使用相关质量等级的称谓和标识。

第五十一条　旅游经营者销售、购买商品或者服务,不得给予或者收受贿赂。

第五十二条　旅游经营者对其在经营活动中知悉的旅游者个人信息,应当予以保密。

第五十三条　从事道路旅游客运的经营者应当遵守道路客运安全管理的各项制度,并在车辆显著位置明示道路旅游客运专用标识,在车厢内显著位置公示经营者和驾驶人信息、道路运输管理机构监督电话等事项。

第五十四条　景区、住宿经营者将其部分经营项目或者场地交由他人从事住宿、餐饮、购物、游览、娱乐、旅游交通等经营的,应当对实际经营者的经营行为给旅游者造成的损害承担连带责任。

第五十五条　旅游经营者组织、接待出入境旅游,发现旅游者从事违法活动或者有违反本法第十六条规定情形的,应当及时向公安机关、旅游主管部门或者我国驻外机构报告。

第五十六条　国家根据旅游活动的风险程度,对旅行社、住宿、旅游交通以及本法第四十七条规定的高风险旅游项目等经营者实施责任保险制度。

第五章　旅游服务合同

第五十七条　旅行社组织和安排旅游活动,应当与旅游者订立合同。

第五十八条　包价旅游合同应当采用书面形式,包括下列内容:

(一)旅行社、旅游者的基本信息;

(二)旅游行程安排;

（三）旅游团成团的最低人数；

（四）交通、住宿、餐饮等旅游服务安排和标准；

（五）游览、娱乐等项目的具体内容和时间；

（六）自由活动时间安排；

（七）旅游费用及其交纳的期限和方式；

（八）违约责任和解决纠纷的方式；

（九）法律、法规规定和双方约定的其他事项。

订立包价旅游合同时，旅行社应当向旅游者详细说明前款第二项至第八项所载内容。

第五十九条　旅行社应当在旅游行程开始前向旅游者提供旅游行程单。旅游行程单是包价旅游合同的组成部分。

第六十条　旅行社委托其他旅行社代理销售包价旅游产品并与旅游者订立包价旅游合同的，应当在包价旅游合同中载明委托社和代理社的基本信息。

旅行社依照本法规定将包价旅游合同中的接待业务委托给地接社履行的，应当在包价旅游合同中载明地接社的基本信息。

安排导游为旅游者提供服务的，应当在包价旅游合同中载明导游服务费用。

第六十一条　旅行社应当提示参加团队旅游的旅游者按照规定投保人身意外伤害保险。

第六十二条　订立包价旅游合同时，旅行社应当向旅游者告知下列事项：

（一）旅游者不适合参加旅游活动的情形；

（二）旅游活动中的安全注意事项；

（三）旅行社依法可以减免责任的信息；

（四）旅游者应当注意的旅游目的地相关法律、法规和风俗习惯、宗教禁忌，依照中国法律不宜参加的活动等；

（五）法律、法规规定的其他应当告知的事项。

在包价旅游合同履行中，遇有前款规定事项的，旅行社也应当告知旅游者。

第六十三条　旅行社招徕旅游者组团旅游，因未达到约定人数不能出团的，组团社可以解除合同。但是，境内旅游应当至少提前七日通知旅游者，出境旅游应当至少提前三十日通知旅游者。

因未达到约定人数不能出团的，组团社经征得旅游者书面同意，可以委托其他旅行社履行合同。组团社对旅游者承担责任，受委托的旅行社对组团社承担责任。旅游者不同意的，可以解除合同。

因未达到约定的成团人数解除合同的，组团社应当向旅游者退还已收取的全部费用。

第六十四条　旅游行程开始前，旅游者可以将包价旅游合同中自身的权利义务转让给第三人，旅行社没有正当理由的不得拒绝，因此增加的费用由旅游者和第三人承担。

第六十五条　旅游行程结束前，旅游者解除合同的，组团社应当在扣除必要的费用后，将余款退还旅游者。

第六十六条　旅游者有下列情形之一的，旅行社可以解除合同：

（一）患有传染病等疾病，可能危害其他旅游者健康和安全的；

（二）携带危害公共安全的物品且不同意交有关部门处理的；

（三）从事违法或者违反社会公德的活动的；

（四）从事严重影响其他旅游者权益的活动，且不听劝阻、不能制止的；

（五）法律规定的其他情形。

因前款规定情形解除合同的，组团社应当在扣除必要的费用后，将余款退还旅游者；给旅行社造成损失的，旅游者应当依法承担赔偿责任。

第六十七条　因不可抗力或者旅行社、履行辅助人已尽合理注意义务仍不能避免的事件，影响旅游行程的，按照下列情形处理：

（一）合同不能继续履行的，旅行社和旅游者均可以解除合同。合同不能完全履行的，旅行社经向旅游者作出说明，可以在合理范围内变更合同；旅游者不同意变更的，可以解除合同。

（二）合同解除的，组团社应当在扣除已向地接社或者履行辅助人支付且不可退还的费用后，将余款退还旅游者；合同变更的，因此增加的费用由旅游者承担，减少的费用退还旅游者。

（三）危及旅游者人身、财产安全的，旅行社应当采取相应的安全措施，因此支出的费用，由旅行社与旅游者分担。

（四）造成旅游者滞留的，旅行社应当采取相应的安置措施。因此增加的食宿费用，由旅游者承担；增加的返程费用，由旅行社与旅游者分担。

第六十八条　旅游行程中解除合同的，旅行社应当协助旅游者返回出发地或者旅游者指定的合理地点。由于旅行社或者履行辅助人的原因导致合同解除的，返程费用由旅行社承担。

第六十九条　旅行社应当按照包价旅游合同的约定履行义务，不得擅自变更旅游行程安排。

经旅游者同意，旅行社将包价旅游合同中的接待业务委托给其他具有相应资质的地接社履行的，应当与地接社订立书面委托合同，约定双方的权利和义务，向地接社提供与旅游者订立的包价旅游合同的副本，并向地接社支付不低于接待和服务成本的费用。地接社应当按照包价旅游合同和委托合同提供服务。

第七十条　旅行社不履行包价旅游合同义务或者履行合同义务不符合约定的，应当依法承担继续履行、采取补救措施或者赔偿损失等违约责任；造成旅游者人身损害、财产损失的，应当依法承担赔偿责任。旅行社具备履行条件，经旅游者要求仍拒绝履行合同，造成旅游者人身损害、滞留等严重后果的，旅游者还可以要求旅行社支付旅游费用一倍以上三倍以下的赔偿金。

由于旅游者自身原因导致包价旅游合同不能履行或者不能按照约定履行，或者造成旅游者人身损害、财产损失的，旅行社不承担责任。

在旅游者自行安排活动期间，旅行社未尽到安全提示、救助义务的，应当对旅游者的人身损害、财产损失承担相应责任。

第七十一条　由于地接社、履行辅助人的原因导致违约的，由组团社承担责任；组团社承担责任后可以向地接社、履行辅助人追偿。

由于地接社、履行辅助人的原因造成旅游者人身损害、财产损失的，旅游者可以要求地接社、履行辅助人承担赔偿责任，也可以要求组团社承担赔偿责任；组团社承担责任后可以向地接社、履行辅助人追偿。但是，由于公共交通经营者的原因造成旅游者人身损害、财产损失的，由公共交通经营者依法承担赔偿责任，旅行社应当协助旅游者向公共交通经营者索赔。

第七十二条　旅游者在旅游活动中或者在解决纠纷时,损害旅行社、履行辅助人、旅游从业人员或者其他旅游者的合法权益的,依法承担赔偿责任。

第七十三条　旅行社根据旅游者的具体要求安排旅游行程,与旅游者订立包价旅游合同的,旅游者请求变更旅游行程安排,因此增加的费用由旅游者承担,减少的费用退还旅游者。

第七十四条　旅行社接受旅游者的委托,为其代订交通、住宿、餐饮、游览、娱乐等旅游服务,收取代办费用的,应当亲自处理委托事务。因旅行社的过错给旅游者造成损失的,旅行社应当承担赔偿责任。

旅行社接受旅游者的委托,为其提供旅游行程设计、旅游信息咨询等服务的,应当保证设计合理、可行,信息及时、准确。

第七十五条　住宿经营者应当按照旅游服务合同的约定为团队旅游者提供住宿服务。住宿经营者未能按照旅游服务合同提供服务的,应当为旅游者提供不低于原定标准的住宿服务,因此增加的费用由住宿经营者承担;但由于不可抗力、政府因公共利益需要采取措施造成不能提供服务的,住宿经营者应当协助安排旅游者住宿。

第六章　旅游安全

第七十六条　县级以上人民政府统一负责旅游安全工作。县级以上人民政府有关部门依照法律、法规履行旅游安全监管职责。

第七十七条　国家建立旅游目的地安全风险提示制度。旅游目的地安全风险提示的级别划分和实施程序,由国务院旅游主管部门会同有关部门制定。

县级以上人民政府及其有关部门应当将旅游安全作为突发事件监测和评估的重要内容。

第七十八条　县级以上人民政府应当依法将旅游应急管理纳入政府应急管理体系,制定应急预案,建立旅游突发事件应对机制。

突发事件发生后,当地人民政府及其有关部门和机构应当采取措施开展救援,并协助旅游者返回出发地或者旅游者指定的合理地点。

第七十九条　旅游经营者应当严格执行安全生产管理和消防安全管理的法律、法规和国家标准、行业标准,具备相应的安全生产条件,制定旅游者安全保护制度和应急预案。

旅游经营者应当对直接为旅游者提供服务的从业人员开展经常性应急救助技能培训,对提供的产品和服务进行安全检验、监测和评估,采取必要措施防止危害发生。

旅游经营者组织、接待老年人、未成年人、残疾人等旅游者,应当采取相应的安全保障措施。

第八十条　旅游经营者应当就旅游活动中的下列事项,以明示的方式事先向旅游者作出说明或者警示:

(一)正确使用相关设施、设备的方法;

(二)必要的安全防范和应急措施;

(三)未向旅游者开放的经营、服务场所和设施、设备;

(四)不适宜参加相关活动的群体;

(五)可能危及旅游者人身、财产安全的其他情形。

第八十一条　突发事件或者旅游安全事故发生后,旅游经营者应当立即采取必要的救助和处置措施,依法履行报告义务,并对旅游者作出妥善安排。

第八十二条　旅游者在人身、财产安全遇有危险时,有权请求旅游经营者、当地政府和相关机构进行及时救助。

中国出境旅游者在境外陷于困境时,有权请求我国驻当地机构在其职责范围内给予协助和保护。

旅游者接受相关组织或者机构的救助后,应当支付应由个人承担的费用。

第七章 旅游监督管理

第八十三条 县级以上人民政府旅游主管部门和有关部门依照本法和有关法律、法规的规定,在各自职责范围内对旅游市场实施监督管理。

县级以上人民政府应当组织旅游主管部门、有关主管部门和工商行政管理、产品质量监督、交通等执法部门对相关旅游经营行为实施监督检查。

第八十四条 旅游主管部门履行监督管理职责,不得违反法律、行政法规的规定向监督管理对象收取费用。

旅游主管部门及其工作人员不得参与任何形式的旅游经营活动。

第八十五条 县级以上人民政府旅游主管部门有权对下列事项实施监督检查:

(一)经营旅行社业务以及从事导游、领队服务是否取得经营、执业许可;

(二)旅行社的经营行为;

(三)导游和领队等旅游从业人员的服务行为;

(四)法律、法规规定的其他事项。

旅游主管部门依照前款规定实施监督检查,可以对涉嫌违法的合同、票据、账簿以及其他资料进行查阅、复制。

第八十六条 旅游主管部门和有关部门依法实施监督检查,其监督检查人员不得少于二人,并应当出示合法证件。监督检查人员少于二人或者未出示合法证件的,被检查单位和个人有权拒绝。

监督检查人员对在监督检查中知悉的被检查单位的商业秘密和个人信息应当依法保密。

第八十七条 对依法实施的监督检查,有关单位和个人应当配合,如实说明情况并提供文件、资料,不得拒绝、阻碍和隐瞒。

第八十八条 县级以上人民政府旅游主管部门和有关部门,在履行监督检查职责中或者在处理举报、投诉时,发现违反本法规定行为的,应当依法及时作出处理;对不属于本部门职责范围的事项,应当及时书面通知并移交有关部门查处。

第八十九条 县级以上地方人民政府建立旅游违法行为查处信息的共享机制,对需要跨部门、跨地区联合查处的违法行为,应当进行督办。

旅游主管部门和有关部门应当按照各自职责,及时向社会公布监督检查的情况。

第九十条 依法成立的旅游行业组织依照法律、行政法规和章程的规定,制定行业经营规范和服务标准,对其会员的经营行为和服务质量进行自律管理,组织开展职业道德教育和业务培训,提高从业人员素质。

第八章 旅游纠纷处理

第九十一条 县级以上人民政府应当指定或者设立统一的旅游投诉受理机构。受理机构接到投诉,应当及时进行处理或者移交有关部门处理,并告知投诉者。

第九十二条 旅游者与旅游经营者发生纠纷,可以通过下列途径解决:

(一)双方协商;

（二）向消费者协会、旅游投诉受理机构或者有关调解组织申请调解；

（三）根据与旅游经营者达成的仲裁协议提请仲裁机构仲裁；

（四）向人民法院提起诉讼。

第九十三条　消费者协会、旅游投诉受理机构和有关调解组织在双方自愿的基础上，依法对旅游者与旅游经营者之间的纠纷进行调解。

第九十四条　旅游者与旅游经营者发生纠纷，旅游者一方人数众多并有共同请求的，可以推选代表人参加协商、调解、仲裁、诉讼活动。

第九章　法律责任

第九十五条　违反本法规定，未经许可经营旅行社业务的，由旅游主管部门或者工商行政管理部门责令改正，没收违法所得，并处一万元以上十万元以下罚款；违法所得十万元以上的，并处违法所得一倍以上五倍以下罚款；对有关责任人员，处二千元以上二万元以下罚款。

旅行社违反本法规定，未经许可经营本法第二十九条第一款第二项、第三项业务，或者出租、出借旅行社业务经营许可证，或者以其他方式非法转让旅行社业务经营许可的，除依照前款规定处罚外，并责令停业整顿；情节严重的，吊销旅行社业务经营许可证；对直接负责的主管人员，处二千元以上二万元以下罚款。

第九十六条　旅行社违反本法规定，有下列行为之一的，由旅游主管部门责令改正，没收违法所得，并处五千元以上五万元以下罚款；情节严重的，责令停业整顿或者吊销旅行社业务经营许可证；对直接负责的主管人员和其他直接责任人员，处二千元以上二万元以下罚款：

（一）未按照规定为出境或者入境团队旅游安排领队或者导游全程陪同的；

（二）安排未取得导游证或者领队证的人员提供导游或者领队服务的；

（三）未向临时聘用的导游支付导游服务费用的；

（四）要求导游垫付或者向导游收取费用的。

第九十七条　旅行社违反本法规定，有下列行为之一的，由旅游主管部门或者有关部门责令改正，没收违法所得，并处五千元以上五万元以下罚款；违法所得五万元以上的，并处违法所得一倍以上五倍以下罚款；情节严重的，责令停业整顿或者吊销旅行社业务经营许可证；对直接负责的主管人员和其他直接责任人员，处二千元以上二万元以下罚款：

（一）进行虚假宣传，误导旅游者的；

（二）向不合格的供应商订购产品和服务的；

（三）未按照规定投保旅行社责任保险的。

第九十八条　旅行社违反本法第三十五条规定的，由旅游主管部门责令改正，没收违法所得，责令停业整顿，并处三万元以上三十万元以下罚款；违法所得三十万元以上的，并处违法所得一倍以上五倍以下罚款；情节严重的，吊销旅行社业务经营许可证；对直接负责的主管人员和其他直接责任人员，没收违法所得，处二千元以上二万元以下罚款，并暂扣或者吊销导游证、领队证。

第九十九条　旅行社未履行本法第五十五条规定的报告义务的，由旅游主管部门处五千元以上五万元以下罚款；情节严重的，责令停业整顿或者吊销旅行社业务经营许可证；对直接负责的主管人员和其他直接责任人员，处二千元以上二万元以下罚款，并暂扣或者吊销导游证、领队证。

第一百条　旅行社违反本法规定,有下列行为之一的,由旅游主管部门责令改正,处三万元以上三十万元以下罚款,并责令停业整顿;造成旅游者滞留等严重后果的,吊销旅行社业务经营许可证;对直接负责的主管人员和其他直接责任人员,处二千元以上二万元以下罚款,并暂扣或者吊销导游证、领队证:

（一）在旅游行程中擅自变更旅游行程安排,严重损害旅游者权益的;

（二）拒绝履行合同的;

（三）未征得旅游者书面同意,委托其他旅行社履行包价旅游合同的。

第一百零一条　旅行社违反本法规定,安排旅游者参观或者参与违反我国法律、法规和社会公德的项目或者活动的,由旅游主管部门责令改正,没收违法所得,责令停业整顿,并处二万元以上二十万元以下罚款;情节严重的,吊销旅行社业务经营许可证;对直接负责的主管人员和其他直接责任人员,处二千元以上二万元以下罚款,并暂扣或者吊销导游证、领队证。

第一百零二条　违反本法规定,未取得导游证或者领队证从事导游、领队活动的,由旅游主管部门责令改正,没收违法所得,并处一千元以上一万元以下罚款,予以公告。

导游、领队违反本法规定,私自承揽业务的,由旅游主管部门责令改正,没收违法所得,处一千元以上一万元以下罚款,并暂扣或者吊销导游证、领队证。

导游、领队违反本法规定,向旅游者索取小费的,由旅游主管部门责令退还,处一千元以上一万元以下罚款;情节严重的,并暂扣或者吊销导游证、领队证。

第一百零三条　违反本法规定被吊销导游证、领队证的导游、领队和受到吊销旅行社业务经营许可证处罚的旅行社的有关管理人员,自处罚之日起未逾三年的,不得重新申请导游证、领队证或者从事旅行社业务。

第一百零四条　旅游经营者违反本法规定,给予或者收受贿赂的,由工商行政管理部门依照有关法律、法规的规定处罚;情节严重的,并由旅游主管部门吊销旅行社业务经营许可证。

第一百零五条　景区不符合本法规定的开放条件而接待旅游者的,由景区主管部门责令停业整顿直至符合开放条件,并处二万元以上二十万元以下罚款。

景区在旅游者数量可能达到最大承载量时,未依照本法规定公告或者未向当地人民政府报告,未及时采取疏导、分流等措施,或者超过最大承载量接待旅游者的,由景区主管部门责令改正,情节严重的,责令停业整顿一个月至六个月。

第一百零六条　景区违反本法规定,擅自提高门票或者另行收费项目的价格,或者有其他价格违法行为的,由有关主管部门依照有关法律、法规的规定处罚。

第一百零七条　旅游经营者违反有关安全生产管理和消防安全管理的法律、法规或者国家标准、行业标准的,由有关主管部门依照有关法律、法规的规定处罚。

第一百零八条　对违反本法规定的旅游经营者及其从业人员,旅游主管部门和有关部门应当记入信用档案,向社会公布。

第一百零九条　旅游主管部门和有关部门的工作人员在履行监督管理职责中,滥用职权、玩忽职守、徇私舞弊,尚不构成犯罪的,依法给予处分。

第一百一十条　违反本法规定,构成犯罪的,依法追究刑事责任。

第十章　附则

第一百一十一条　本法下列用语的含义:

（一）旅游经营者,是指旅行社、景区以及为旅游者提供交通、住宿、餐饮、购物、娱乐等服务的经营者。

（二）景区，是指为旅游者提供游览服务、有明确的管理界限的场所或者区域。

（三）包价旅游合同，是指旅行社预先安排行程，提供或者通过履行辅助人提供交通、住宿、餐饮、游览、导游或者领队等两项以上旅游服务，旅游者以总价支付旅游费用的合同。

（四）组团社，是指与旅游者订立包价旅游合同的旅行社。

（五）地接社，是指接受组团社委托，在目的地接待旅游者的旅行社。

（六）履行辅助人，是指与旅行社存在合同关系，协助其履行包价旅游合同义务，实际提供相关服务的法人或者自然人。

第一百一十二条　本法自 2013 年 10 月 1 日起施行。

参 考 文 献

[1] 《〈中华人民共和国旅游法〉解读》编写组．《中华人民共和国旅游法》解读．北京:中国旅游出版社,2013.
[2] 国家旅游局人事劳动教育司．导游业务．北京:旅游教育出版社,2011.
[3] 国家旅游局人事劳动教育司．政策与法规．北京:旅游教育出版社,2006.
[4] 谢怀,等．合同法原理．北京:法律出版社,2000.
[5] 韩玉灵．旅游法教程．北京:高等教育出版社,2010.
[6] 刘劲柳．旅游合同．北京:法律出版社,2004.
[7] 杨富斌,苏号朋．《中华人民共和国旅游法》释义．北京:中国法制出版社,2013.
[8] 杨富斌．旅游法教程．北京:中国旅游出版社,2013.
[9] 侯作前．旅游政策与法规．北京:中国旅游出版社,2014.
[10] 张凌云,刘威清．旅游规划理论与实践．上海:华东大学出版社,2012.
[11] 邓德智,傅林放,张建融．旅行社诉讼案例精选．北京:旅游教育出版社,2013.
[12] 叶晓辉．旅游法理论与实务．北京:清华大学出版社,2009.
[13] 王健民．出境旅游领队实务．北京:旅游教育出版社,2005.
[14] 孙智慧．出入境管理法律与实践．北京:中国政法大学出版社,2013.
[15] 田勇．旅游法规与政策．上海:上海人民出版社,2010.
[16] 潘肖澎,肖智磊．《旅游景区质量等级划分与评定》标准解读．北京:中国旅游出版社,2011.
[17] 周国忠．景区服务与管理．北京:中国旅游出版社,2011.
[18] 王洁纯．文物保护法制概述．沈阳:东北大学出版社,2012.
[19] 梁文生．旅游政策法规．济南:山东科学技术出版社,2007.
[20] 傅林放．论"零负团费"的法律治理．旅游学刊,2010(9).
[21] 傅林放．论购物佣金的法律治理．旅游学刊,2012(4).
[22] 傅林放．论旅游权利的内涵．旅游学刊,2012(12).
[23] 傅林放．浅谈旅游者权利的分类及体系．旅游学刊,2013(8).
[24] 高舜礼．《旅游法》——中国旅游业发展史上的丰碑．中国旅游报,2013-4-26,第一版．
[25] 中国人大网:旅游立法专题．http://www.npc.gov.cn/huiyi/lfzt/lyflfzt/node_19134.htm.